마음이 변해야
행동이 바뀐다

PAPHOS

저는 이제까지 사회 생활의 전부를 포스코와 그 계열사에서 보낸 포스코맨입니다.

좋은 복지 제도와 사회적 신임을 갖춘 이 회사에서 의리 있는 동료들과 하루하루 소중하게 엮었던 지난날은 퇴직 후의 인생에도 든든한 자양분이 되었습니다.

대학을 졸업하고 군 복무를 마친 1978년에 포항 냉연부冷延部에서의 근무를 시작으로, 1986년에는 전남 광양제철소로 옮겨서 고품질 저가격의 산업 발전 필수 자재인 냉연강판을 생산하는 부서에서 근무했었습니다. 냉연강판은 우리가 일상에서 사용하는 가전기기와 자동차, 건축 등의 자재로 사용되기에 매우 중요한 제품입니다. 제가 광양 제철소에서 근무하던 1988년 즈음에는 우리나라 산업이 크게 성장하는 시점이었기에 회사에서는 새 냉연 설비를 준공하여 단 1톤이라도 더 많은 강판을 생산하려 애썼습니다. 이후에 품질기술부로 옮겨 자동차 강판鋼板개선팀장을 거쳐 품질기술부장직무를 수행하면서 신제품 개발과 품질개선 그리고 최종 고객 서비스를 위해 우수한 동료 직원들과 열과 성을 다해 일했습니다. 너무도 소중하고 행복한 포스코와의 여정이었고 저를 항상 곁에서 이끌어주고 도와주신 회사 선후배들을 만날 수 있어 저는 정말 복 받은 사람이란 생각을 하고 있습니다.

이 책에서 주로 거론되는 내용들은 제가 포스코를 퇴직한 이후에

2006년 3월부터 근무한 포스코엠텍前 삼정피엔에이에서 임원 활동 중에 겪은 것들입니다. 포스코엠텍은 1973년 12월 철강포장 전문 업체 삼정강업주식회사로 출발해서 76년에 (주)포스코 외주 업체로 지정된 회사로서, 2001년에는 (주)삼정피엔에이라는 상호로 변경하여 2005년에는 포스코 그룹사에 편입되었습니다. 이후 2011년에 포스코 엠텍으로 사명을 변경해서 오늘에 이르고 있습니다.

저는 이곳에서 6년 간 경영관리자로 일하며 직원들과 더불어 교대제 전환, 혁신 활동, 가치관 경영, 특별 안전 활동 등을 추진했습니다. 그때 겪은 시행착오들과 소중한 추억들을 이 한권의 책에 담았습니다. 아직 능력이 부족해서 책을 내기 까지 많은 망설임이 있었지만

단 한 사람이라도 이 책을 통해 관련 도움을 받는다면 가치 있는 일이라고 조언해 주신 분에게 용기를 얻어 출간을 결심했습니다.

또한 그간 저와 더불어 많은 활동을 묵묵히 수행해 주신 관련 직원들께 감사하는 마음을 담고 그 인연들을 제 생의 소중한 기억으로 남기고자 합니다.

이 책이 유사 업무를 수행하는 분들께 조금이나마 도움이 되기를 바라며, 끝으로 여러 가지 어려운 환경에서도 끝까지 믿고 격려해준 제 아내와 가족들에게 이 지면을 빌어 고맙다는 말을 전하고 싶습니다.

2014년 한해를 마무리하는 시점에
저자 박 기 덕

목차

002 프롤로그

Chapter 1

변화와 혁신! 만드는 자의 것이다

011 일에 대한 자긍심
015 주변의 낭비 개선

Chapter 2

또 다른 변화의 시작

026 중국영업 활동
029 새로운 환경, 새로운 변화 시작

Chapter 3

미래지향적 삶을 위해 어떻게 해야 할까?

040 미래지향적 삶을 위해

Chapter 4

가치관 경영에 답이 있다

064 기업 가치관의 정의와 필요성
073 과연 나는 프로인가?
075 자아성찰을 통한 변화의 시작

Chapter *5* 생산성과 품질 향상 활동

096 생산성 향상
100 포장품질향상

Chapter *6* 안전이 최우선이어야 한다

110 작업표준 100% 달성, 그 거대한 꿈을 향해
136 기타 안전활동
142 우리는 안전한가?

Chapter *7* Second life를 위하여

150 코칭
158 새로운 도전! 한 손으로 골프 하기

162 결론

164 에필로그

Chapter 1

변화와 혁신!
만드는 자의 것이다

"얼씨구 동아리에서 연락이 왔네. 이번 순천 정원 박람회에서 정기공연을 할 수 있는 자격을 얻었다는군."

"어이구, 그토록 정성을 들이더니 드디어 큰 성과를 냈네요. 당신이 벙글거리며 좋아하는 걸 보면 나까지 다 배가 불러요. 그나저나 회사 퇴직한 지가 한참 됐는데 그쪽 일이 뭐가 궁금해요?"

"나를 안 잊고 이렇게 소식을 전해주니 너무 고마워서 그런 거지. 이 사람들이 좋은 마음을 갖고 열심히 하더니 이렇게 좋은 결과가 나왔구먼."

퇴직 후로 숱한 시간이 흘렀지만 저는 아직도 그때 그들과 함께 진행했던 일들을 생각하며 그 얼굴들을 가끔 떠올려 보곤 합니다. 아하, 그러기에 앞서 '그들'의 이야기부터 해야겠군요.

일에 대한 자긍심

우리가 첫 대면을 한 것은 2006년 3월, 제가 포스코엠텍 광양사업소 부소장으로 부임赴任했을 때였습니다. 저는 이곳의 모母회사인 포스코에 있을 때부터 이곳 관련 업무를 오랫동안 담당했기에 업무 내용은 이미 잘 알고 있었습니다. 그래서 심적인 부담은 크게 가지지 않은 상태로 첫 출근을 했고, 포스코에 비해 근무 환경이 다소 미흡한 편이란 것과 회사 관련 제반 활동의 기법이나 정신 자세에서 다소 부족한 점이 있다는 것을 염두하고 근무를 시작했습니다. 그리고 포스코에 있으면서 바랐던 것들을 이곳에서 실행해서 포스코가 최상의 작업을 할 수 있도록 작업 수준을 한 단계 향상시키는 것이 제가 할 역할이란 확신도 더불어서 섰습니다.

그런 한편으로 노사가 안정된 상태를 유지하면서 포스코의 생산성에 영향을 미치지 않도록 작업 분위기를 만드는 것도 중요했습니다.

그것을 바탕으로 포스코 제품의 수준에 걸 맞는 포장 품질을 확보하는 것이 최종 목표라고 설정 했습니다.

그 과정에서 반드시 거쳐야 할 숙제가 있었으니, 그간 포스코에서 수행했던 혁신革新 업무를 이곳에서 주관하며 전파하는 것이었습니다. 하지만 당시 상황은 썩 좋은 것만은 아니었습니다. 직원들이 성실하기는 하지만 업무에 수동적이었고 발전된 내일의 모습을 그리기보다는 오늘이라는 현실에 안주해서 그날그날을 보내고 있었기 때문입니다. 그래서 우선 그들이 갖고 있는 포장 작업에 대한 인식부터 바꿀 필요가 있다는 판단 하에, 전체 직원 600여명과 50회에 걸친 간담회를 하면서 소통을 시작했습니다.

"여기 계신 여러분들께 질문을 하나 해볼까 합니다. 지금 각자가 하는 일에 대해 곰곰이 생각해 보신 적이 있습니까? 과연 자신이 지금 무엇을 하고 있는 걸까요?"

"제품 포장입니다."

젊은 사원 하나가 당당하게 대답했습니다.

"예 맞습니다. 포장 작업이지요. 그리고 여러분이 하는 포장 작업은 포스코에 연계된 아주 중요한 공정이기도 합니다. 포스코의 제품을 더 멋지게 보일 수 있게끔 포장하는 일! 고객들이 포스코의 제품을 받았을 때 포스코 제품의 첫인상을 결정하는 아주 중요한 일을 여러분이 하고 있는 것입니다. 포스코가 만든 제품을 사용하는 전 세계의 고객들은 우리 물건 외에도 세계 여러 나라에서 생산된 제품들을 사용합니다. 그렇다면 그 제품들 가운데에서 포스코의 수준은 어느 정도일까요? 특히, 포장 상태는 어떠할까요? 가장 멋지고 깨끗하게 포장된 것일까요, 아니면 경쟁도 할 수 없을 만큼 뒤쳐져 있을까요?"

"글쎄요. 저희는 매일 주어진 일만 하다 보니 그것 까지는 미처 생각을 못 해 봤습니다."

누군가가 다시 대꾸했습니다.

"그럼 지금이라도 자각을 하셔야 합니다. 자신이 하는 일이 세계 여러 나라와 경쟁되고 있음을요. 여러분은 한국의 포스코를 알리는 역군役軍이란 사실도요. '포스코의 얼굴', 그것이 바로 여러분들입니다."

비록 그 이야기를 나누던 때가 몇 년 전이긴 하지만 당시에는 국산보다는 외제의 품질이 무척 좋았던 시절이었습니다. 그리고 돌이켜보면 그때 우리가 생산하는 일반적인 제품들이 외제만큼 되지 못하는 것에 대해 스스로가 비아냥거렸던 것도 같습니다. 하지만 그에 앞서서 각자가 작업장에서 외제보다 더 나은 제품을 만들고 있나 하는 자각을 하는 것이 중요했습니다. 그리고 나만이라도 부끄러운 물건을 만들지 말아야지 하는 의식을 가지는 것이 우선이란 생각도 들었던 것 같습니다.

저는 직원들이 각자의 작업에 대한 자긍심을 높여야 모든 행동에 정성과 열정이 들어갈 것이라 생각했고 그것을 바탕으로 새로운 변화를 이루어보고자 했습니다. 우선은 생산성 향상과 품질 확보를 위해서 작업장 주변에 있는 수많은 낭비들을 제거하는 것이 과제였습니다. 그래서 시작한 것이 포스코에서 추진하고 있던 '3정5S 활동'과 '6시그마 활동'[01] 이었습니다.

01 5S Process Map

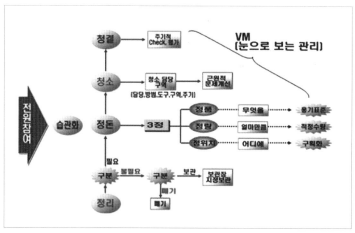

자세한 내용은 아래 블로그를 참고하세요.
http://blog.naver.com/pos1104

주변의 낭비 개선

그 실현 단계로서 현장의 낭비를 개선하기 시작했고 반복에 익숙해 있던 직원들 각자가 범하는 낭비 요소를 찾도록 독려했습니다. 때때로 기존의 관습을 유지하는 것이 최선이라며 오히려 변화 자체가 무모하다고 저항하는 직원들도 있었습니다. 하지만 저는 포기 하지 않았습니다.

"여러분, 낭비란 무엇입니까? 생산에 긍정적인 영향을 끼치는 것 빼고는 모두 낭비 요소들입니다. 시간의 낭비, 인력의 소모, 재료의 낭비가 바로 그런 것들이지요. 가령 제품의 포장 작업을 할 때 제품에 적정한 포장 재료를 감싸주는 행동 외에 포장지를 선별하느라 필요 이상의 시간을 보내는 시간이나 조금만 머리를 쓰면 쉽게 물건을 옮길 수 있는데도 힘들게 옮기는 것 등은 모두 낭비인 것입니다. 잘 계획하면 주어진 환경 안에서 꼭 적정하고도 유용하게 시간과 노동력을 쓸 수 있는데도 우리는 그간에 자꾸만 낭비를 해왔던 것입니다."

자, 이 책을 읽으시는 독자 분들은 어떠신가요? 일상에서 수많은 자잘한 낭비를 하고 계시지는 않나요? 그런 면에서 자동차 회사 토요타의 낭비 개선 사례는 시사점이 매우 큽니다. 도요타는 회사 자체 내에서 오랜 기간 지속적으로 낭비 개선 활동과 더불어 꾸준히 작업장을 점검하며 낭비 줄이기 운동을 펼쳤습니다. 그러던 어느 날, 낭비 개선이 철저하게 이루어진 도요타의 작업장에 개선 전문가가 왔다고 합니다. 그리고 그는 그 완벽한 작업장에서 기어코 낭비 개소를 발견하고는 담당 관리자에게도 찾아보라고 했습니다. 하지만 담당자가 못 찾겠다고 하자 한 장소에 오랜 시간 대기한 채로 작업자의 행동을 관찰해 보라고 귀띔했습니다. 그래서 담당자가 몇 시간 동안 열심히 관찰했으나 도저히 찾지 못하겠다고 하자 이렇게 말했다고 합니다.

"작업자의 눈동자가 불필요하게 많이 움직이고 있습니다."

저는 우리 작업장에서도 이 같이 철저한 낭비 개선이 필요하다고 생각해서 실천에 옮겼습니다. 직원들이 포장 재료를 옮기느라 땀을 뻘뻘 흘리고 있다면 그건 칭찬받을 일이기에 앞서서 일종의 낭비라고 지적했습니다. 땀 흘리지 않고 기구 등을 활용해서 쉽게 효과적으로 옮기는 것이, 아니 옮기지 않고 바로 옆에 놓고 사용할 수 있도록 공정을 개선하여 시간과 노동력을 줄이는 것이 현명하게 일하는 방법이기 때문입니다. 오랜 관습적 사고 하에서는 다들 열심히 땀 흘리고 장시간 공을 들여서 하나의 결과물을 만들어내는 것이 최선이라고 여겨왔지만 이제 그것은 구시대적인 발상이 되었습니다. 시간과 노동과 물질의 낭비를 넘어서서 오랜 익숙함에 젖은 관행은 마침내 안전사고를 유발시키기도 하는 것입니다.

"낭비 제거는 일의 효율성만이 아니라 안전 작업장 구축에도 필수적입니다. 열심히 일한다는 마음은 좋지만 맨몸으로 물건을 들어올리기 위해 하루에 수백 번 허리를 굽혔다 폈다 하면 체력 소모가 그만큼 커져서 다른 일에 집중할 수가 없기도 하며 허리에 무리가 가해져 질병으로 발전 할 수도 있습니다. 하지만 적치대를 만들어 활용한다거나 그 조차도 사용하지 않아도 되게끔 환경을 바꾼다면 허리를 다칠 위험이 그만큼 적어지지 않겠습니까?

그런 개선 작업을 지금 안 하면 언제 하겠습니까?

수 십년동안 수행해온 불합리한 행동을 지금 생각을 바꾸지 않으면 또다시 수 십년동안 반복될 것입니다.

혁신이란 것이 어려운 것이 아닙니다. 지금 효율적으로 할 수 있는 것을 다음으로 미루지 않고 바로 실천하는 것. 바로 그것이 혁신입니다."

그즈음 현장을 방문했을 때 다 같이 외치던 구호가 있습니다.

"지금 할 일은 지금! 오늘 할 일은 오늘! 해보자, 해보자, 해보자 ~~!"

작업장 개선을 위한 10가지 마음가짐

❶ 현상에 대한 고정관념을 버려라.
❷ 안 되는 이유보다 될 수 있는 방법을 생각하라.
❸ 변명 하지 말고, 우선 현상을 부정하라.
❹ 완벽을 바라지 마라. 50점이라도 곧 시작하라.
❺ 잘못된 것은 즉시 고쳐라.
❻ 개선에 돈을 쓰지 마라.
❼ 어려움에 처하지 않으면 지혜가 나오지 않는다.
❽ '왜'를 다섯 번, 근본 원인을 추구하라.
❾ 한 사람의 지식보다 열 사람의 지혜를 모으라.
❿ 개선은 무한하다.

처마 밑에 한 방울 씩 떨어지는 빗물에 댓돌이 닳듯이 변화는 작업장 안에 그렇게 조금씩 찾아왔습니다. 그리고 저는 아침저녁으로 직원들에게 변화가 가지는 힘에 대해 이야기를 했습니다. 혁신이란 것이 과감하고 먼 미래에 있는 것이 아니라 작은 변화에서 시작된다는 것을 다시 일깨우고 싶었던 것입니다.

"직원 여러분, 우리가 변화를 추구하는 이유는 무엇일까요? 그리고 우리가 변한다면 누구에게 좋은 것일까요?

더운 여름에 작업장 온도는 40도 까지 올라가고 땀은 비 오듯 흘러내리고 숨이 턱턱 막히는데 조금이라도 덜 움직일 수 있도록 작업장 환경을 개선하는 것은 그 누구보다도 각자에게 아주 필요한 일 아닐까요?"

"혁신이란 세상에 완전히 없는 것을 만드는 것이 아닙니다. 우리를 놀라게 한 혁신들도 사실은 오랜 기간 작은 변화를 거듭하면서 이룬 쾌거들인 것이지요. 생각을 조금만 다르게 해보면 이전과는 다른 변화와 긍정의 결과가 기다리고 있는데 인식을 못하기에 시행착오와 시간 낭비를 하며 사는 것일 뿐입니다. 생각의 방향을 틀면서 긍정성을 향한 작은 움직임을 시작하는 것으로써 혁신에 한 걸음씩 다가갈 수 있습니다. 그러려면 직원들 각자가 자신의 일에 대한 관심과 자부심부터 가져야 합니다."

그래서 직원들이 일에 대한 의욕을 가지게 격려함과 동시에 현장 방문이나 수많은 간담회 때마다 많은 이야기를 들려주었습니다. 변화에 적응하지 못해 살아남지 못한 기업들의 사례들을 설명하며 우리 역시도 변화만이 살 길이라고 강조했습니다. 청년층이건 노년층이건 새로운 물결에 동참한다는 것은 쉬운 일이 아니었습니다. 길은 처음부터 만들어지지 않는 법이며 우거진 잡목과 덤불을 베어내고 수시로 흙을 밟아가는 과정을 거쳐서 비로소 완벽한 길이 된다는 마음으로 매일 간략하게나마 긍정적인 말로 직원들을 독려督勵하기 시작했습니다.

"직원 여러분! 지금 사회는 하루가 다르게 변화를 거듭하고 있습니다. 현 시대의 어제와 오늘은 지난 시절의 10배 속도와 맞먹습니다. 이렇게 급변하는 현실에 눈 돌리지 않은 채 지난 방식으로 일관하며 자신의 한계선을 미리 규정하고 그 안에서 안일하게 머문다면 스스로가 낙오자 밖에 안 됩니다. '거안사위居安思危'란 사자성어를 아시지요? 기회와 위기는 언제나 동시에 존재하는 것이고, 세상에 변하지 않는 것은 아무 것도 없기에 안락할 때에도 위험이 닥칠 때를 대비하라는 뜻입니다. 그저 자신이 하는 일만 다하면 월급이 나오니까 지금의 안온함을 유지하겠다는 발상으론 이 시대를 살아갈 수 없습니다. 변하는 산업 환경에서는 그 같은 근로자를 원치 않으며, 이 같은 위기상황을 대비하려면 철저한 개혁을 해야 합니다. 그리고 그 개혁이 성공하려면 단단한 자기변화와 실행이 꼭 필요합니다."

이 책을 읽으시는 독자여러분도 일상의 작은 것부터 변화를 모색한 경험이 한 두 번은 있을 것입니다. 그렇습니다. 변화를 위해서 지금껏 해오던 모든 것을 보다 더 편하고 쉬운 방법으로 개선하겠다는 적극적인 생각부터 가지면 되는 것입니다. 안주하는 사람에게 발전된 미래는 없으며 개선 활동이 단지 누구를 위한 것이 아니고 자신에게 직접적으로 도움이 되기 위한 것이란 사실을 깨달으면 현장의 분위기는 저절로 변하기 시작합니다.

우리 작업장 안에서 당장 필요 없는 물건들은 창고로 옮겨지고 산만하던 재료의 적치 상태가 정렬되고 불합리한 행동들이 개선되는 등 혁신의 1단계가 진행되어 가고 있었습니다.

우리 대다수는 아무것도 하지 않으면서 변해지기를 바란다던가,
작은 노력을 들이고 큰 효과를 바라기도 합니다.
가을의 풍성함은 여름에 흘린 땀의 양과 비례 합니다.
열매는 달콤하지만 과정이 쉽지는 않습니다.
많은 어려움과 시련, 희생이 필요합니다.
그러나, 이 길은 우리가 가야 할 길이며 선택이 아닌 필수입니다.
지금 시작하면 동료가 주변에 많아서 외롭지는 않을 것이며,
도와 줄 사람도 많습니다.
때를 놓치지 말고 자신에게 유리하게 활용하시기 바랍니다.

어떠한 조직이건 리더의 역할은 중요합니다.
상황 그 자체보다도 어떠한 태도로 접근하느냐가
성공의 여부를 결정짓게 됩니다.
긍정적이고 적극적인 사고가 밝은 미래를 약속 합니다.
리더의 역할은 회사에서만 필요한 것이 아니라 가정에서도 필요합니다.

어떤 훌륭하고 높은 지위에 오른 사람도
성장 과정이 순탄하지만은 않습니다.
다만, 그런 어려움을 당해서 어떤 마음으로 살아 왔는가가
그렇지 않은 사람들과 차이가 있을 뿐입니다.
그때 좀 참을 걸
그때 좀 베풀 걸
그때 좀 재미있게 살 걸이라고 합니다만
여기에 '그때 해볼 걸'을 추가하고 싶습니다.
어려움을 이기고 도전하면 모두 성공하는 것은 아니겠지만
그래도 해보지 않아서 '해볼 걸' 하며
후회하며 살지는 않으리라 생각됩니다.

기대는 적게 하고, 받으려고만 하지 말고
먼저 주려고 노력하고 모든 것이 자기 탓이라 생각하고 사랑으로 감싸는 것.
그것이 행복으로 가는 길입니다.

어려운가요?
생각을 조금만 바꾸면 그렇게 어려운 것이 아닐 수도 있습니다.

변화를 가져 오기 위해서는 목표가 있어야 합니다.
목표를 이루려는 간절함은 온몸의 세포와 두뇌를
집중시키게 됩니다.
목표를 달성 했을 때를 생각하면 지금의 고통은
하나의 과정일 뿐입니다. 그저 지나가는….

세상에 쉽게 얻어지는 것은 없습니다.
그러나 도전 없는 삶은 남는 것이 없고 이룩할 것도 없는
무의미한 삶이 될 것입니다.

도전에는 실패의 두려움이 따르게 됩니다.
그러나 잘 될 것이라는 희망을 갖고 노력하면 그만큼 얻을 것이며
설령 실패하더라도 시작하지 않는 것보다는
한 단계 성장되어 있을 것입니다.

Chapter 2

또 다른
변화의 시작

중국 영업활동

변화의 물꼬가 트이자 가장 먼저 한 일은 혁신 팀을 만드는 것이었습니다. 그리고 그 안에서 체계적인 제반 업무를 담당할 적정 인원을 선출하고 그들과 힘을 합쳐 혁신 업무를 집중적으로 추진하던 중에 회사에 새롭게 조직된 엔지니어링 업무를 추가로 담당하게 되었습니다. 당시에 혁신 파트는 이미 나아갈 방향을 잡아 가고 있어서 저는 엔지니어링 업무에 보다 집중 할 수 있었습니다.

당시에 포스코엠텍은 포장 설비를 설치하고 운전과 정비를 오랫동안 해 왔기에 그동안 쌓인 노하우를 기반으로 두 가지 프로젝트를 추진하고 있었습니다. 첫째는 당면한 문제인 노동 강도를 낮추기 위해 현재의 자동화율 약 50%에서 전全 공정 자동화를 위해 새로운 설비를 개발하는 것, 둘째는 개발된 설비를 타사에 판매해서 새로운 매출을 확보하는 것이었습니다. 하지만 개발된 설비를 판매하기에는 국내 시장의 규모에 한계가 있었습니다. 그래서 중국 시장에 진출하는 것이 불가피했고 포스코 중국사무소 직원들의 협조를 받아 중국의 제철소들을 방문하기 시작했습니다. 특히 심양사무소장 및 현지 직원들께서 여러 가지로 협조해 주셔서 업무 추진에 큰 도움이 되었습니다.

물론 중국 진출 초기에는 여러 가지 고민들이 많았습니다. 인구가 많은 나라답게 중국은 모든 공정을 인력으로 해 나갈 터인데 과연 '설비의 자동화'를 설득하면 받아들일까 하는 걱정이 앞섰던 것입니다. 하지만 그들은 미래를 내다보면서 보다 더 훌륭한 설비를 설치하려는 분위기도 강했기에 우리의 설명에 많은 관심을 가져 주었습니다. 저는 그때 중국 기업들의 구매 방식을 보고 느낀 점이 많았습니다.

어느 회사에서 입찰이 있어서 4개 정도 회사가 경합했는데 입찰일에 봉투가 개봉되고 각 사가 제출한 금액이 전면에 있는 화면에 실시간으로 공개되었습니다. 그 결과 우리 회사가 최저가란 사실을 알게 되었습니다. 2위 업체와 금액 차이가 너무 많은 낙찰은 별로 반갑지 않은 것인데 우리는 2위 업체와 단지 5% 차이로 낙찰된 것이었습니다. 그런데 그 기쁨도 잠시, 바로 계약에 들어가는 것이 아니고 우선 협상 대상자일 뿐이란 것이었습니다. 그 후로부터 2위 업체가 동의했다고 하며 가격 인하를 요구했고 그런 방법으로 몇 차례의 가격 인하 요구가 이어졌습니다. 저희 측에서는 컨소시엄 회사들과 협의해서 이익률을 낮추며 최대한 대응하고 있었는데, 갑자기 고객사가 2위 업체인 스웨덴에 출장을 갔다 온다고 해서 더욱 긴장할 수밖에 없었습니다.

다행히도 결국 계약을 할 수 있었지만 설비 상세 설계 과정에서도 그들의 요구는 끝이 없었습니다. 너무 시간이 흘러서 도대체 설비 준공 날짜가 언제냐고 질문하자 계약 완료 후 2년이라는 것이었습니다. 대체로 준공 날짜를 미리 확정 해 놓고 설비를 구매 할 경우 건설 기간을 확보하기 위해 시급히 계약을 추진할 가능성이 높습니다. 그러면 설비계약이 구매자에게 불리하게 이루어지는 경우도 있는데, 중국의 시스템은 그와 달리 구매자에게 아주 유리한 방법이라는 생각이 들었습니다.

새로운 환경,
새로운 변화 시작

그렇게 엔지니어링 사업부를 담당한 지 얼마 지나지 않아서 포항 사업소 부소장으로 자리를 옮겼습니다. 그즈음 포항 사업소의 직원은 200여명이었고 대다수 직원들이 근무 연수가 많고 나이가 많았기에 혁신에 대한 개념이 많이 희박했으며 부서 이동 등 단순한 변화에도 저항이 심한 상황이었습니다. 그것을 개선하기 위해 관장 업무가 변경된 것이었기에 저는 적극적으로 만남과 소통을 해나갔습니다. 그리고 이제는 변해야 하지 않느냐는 저의 진심을 일부의 직원들이지만 긍정적으로 받아주기 시작했고, '3정 5S'라고 명명한 낭비 개선 작업을 하면서 현장 분위기가 깨끗하게 정돈되기 시작했습니다. 그렇게 변모된 것에는 현장 직원들에게 신뢰를 받으며 솔선수범하는 부장 이하 팀 리더들의 역할이 컸습니다. 특히 혁신 Master들의 끊임없는 열정과 헌신의 뒷받침도 큰 도움이 되었고, 변화의 큰 거부 세력이었던 현장관리자들이 솔선수범해서 참여해 준 것도 큰 기폭제가 되었습니다.

변화. 그것은 환경과 개인을 바꾸어 나가는 아주 근사한 단어입니다. 그리고 모든 생물은 변화에 대처하지 않으면 퇴화하기 마련입니다. 뉴질랜드의 국조國鳥인 키위kiwi새 이야기를 보면 그 사실을 잘 알 수 있습니다. 원래는 하늘을 날아다녔던 이 새는 풍부한 먹을거리와 자신의 천적天敵이 없는 자연환경 덕분에 스스로 날지 않아도 생활하는데 지장이 없게 되었고, 이 같은 환경은 결국 키위새를 날지 못하게 퇴화시키고 말았습니다. 풍족하게 가지고 있더라도 도전을 해야 하는 이유를 우리는 이 이야기에서 배울 수 있습니다.

작업장에 변화가 온 이후로는 아침저녁으로 직원들에게 각성의 말을 수시로 외치며 심적 변화를 촉구했습니다. 특히 익숙한 것을 낯설게 바라보면 의식의 문이 열리기 시작한다는 것을 강조했습니다. 직장 내에서 자신이 하는 일에 대해 잠깐이라도 시각을 달리해 보면 기존에 익숙하던 것들은 또 다른 측면에서 보여 지는 법입니다. 변화를 위해서는 현재의 모습을 파악해야 하고, 과거 일상적으로 행해 왔던 잘못된 관행들을 타파해야 합니다. 하지만 변화를 하면 좋을 것이란 사실을 알아도 몸은 이미 현재의 익숙함에 적응되어 있기에 쉽게 움직이지를 않는 법입니다. 따라서 단체의 변화를 이끌기 위해서는 초기에는 다소 강한 리더십이 필요하기도 합니다.

'이것이 올바른 방향인가?', '이것이 직원들에게 꼭 필요한 일인가?', '이 일의 수혜자는 누구인가?'

일단은 현재에서 실행하기에는 어려운 점이 많다고 할지라도 꼭 해야 하는 일이라고 생각되면 추진 방향을 정해서 그에 따른 방법을 교육한 후 지속적으로 실행되도록 관심을 갖고 관리자들과 대화를 가졌으며 도울 수 있는 있는 것은 도우려고 노력했습니다.

그리고 실행이 다소 미흡한 부서는 활성화 되도록 요구하기 시작했습니다. 임원이 아니라 '반장' 이라는 별명을 들어가며 현장을 밀착관리했고, 성공과 발전을 위해서라면 쓴 소리나 가끔의 채찍도 필요하다고 생각했습니다. 그 모든 열정과 압박들이 결국은 저의 이익을 위해서가 아니라 그들을 변화시켜 단체가 살아남게 하려는 길이었기 때문입니다. 물론 돌이켜보면 변화에 대한 공감대가 형성되도록 더 많은 노력을 했어야 하지 않았나 하는 아쉬운 점도 있습니다.

다행히도 우리가 변화해야 하는 이유를 중간 관리자들이 직원들에게 잘 설명해 준 덕분에 현장의 움직임을 서서히 느낄 수 있었습니다. 또 시간이 지남에 따라 직원들이 몸소 변화의 효과를 느끼기 시작했고 그간에 차가웠던 눈총들이 변해가는 것도 느낄 수 있었습니다. 그 같은 움직임은 'Six Sigma 활동'을 하는 동안에도 있었습니다. 그때 했던 혁신 활동의 대표 격인 이 활동에서는 정리 정돈, 낭비 줄이기 등을 기본으로 하면서 문제점 개선을 위한 과제 활동 등 많은 변화를 시도했습니다.

한편 시그마 활동을 위해서는 자격증을 획득해야 했는데 그것이 만만한 일이 아니었습니다. 또, 초기 자격증인 Green Belt를 획득하기 위해서는 6 시그마 단계별 활동을 이해하고 실행하고 매월 진도 상황을 보고해야 하는데, 새로운 용어에 대한 이해도 쉽지 않았고 진행 방법도 간단하지가 않았습니다. 그러나 '하면 할 수 있다'는 것을 포스코 근무 시절에 직원들을 통해서 이미 확인했었기에 조금 시간이 걸리더라도 정착시키고 싶었습니다. '6 시그마'는 단순히 문제 해결 기법이라기 보다는 문제를 풀어나가는 사고의 틀로서, 직원 능력 개발에 아주 좋은 Tool이라는 생각이 크게 작용되었기 때문입니다.

일단은 신입이건 기존의 직원이건 한 명도 예외 없이 Belt 자격증을 획득하도록 지시했고, 관리감독자 부터 모범을 보여서 모든 주임 반장이 Green Belt를 획득하게 했습니다. 그 이후에도 매년 1개 이상의 과제 활동을 수행해서 자격증을 유지하도록 했습니다. 포스코에서도 경험상 Off Job 해서 과제를 수행하고 현직에 복귀하면 다시 옛날 사고의 틀로 돌아가는 경우가 많아서 신청자에 한해서 연속해서 과제를 수행하게 한 경험이 있었습니다.

포스코엠텍에 와서는 벨트 획득자들은 매년 과제를 수행하고 보고해야만 벨트 자격을 유지하게 했고, 벨트 유지자들에게는 승진이나 연수 등 많은 부분에서 혜택을 받도록 했습니다. 벨트 유지 조건은 제가 회사를 그만둘 때까지 지속 시행해서 직원들의 능력 개발에 적극 활용했습니다. 업무 개선실적도 발표해야 했는데, 애초에 배울 거면 정확하게 배워야 한다는 저의 방침 때문에 직원들이 발표하고 질문할 때는 까칠하고 세밀하고 엄하게 대했습니다. 그 분위기를 이기고자 배짱이 두둑한 50세 고참古參 직원은 몰래 소주 한 병을 먹고는 발표했었다고 나중에 웃으며 이야기했답니다.

"발표 준비를 적게 했으면 식은 땀 좀 흘렸을 텐데, 수고하셨습니다."

"힘으로 하는 것은 자신 있는데 이번에 자격증 취득하려고 공부할 때는 정말 고통스러웠습니다. 그리고 도대체 제가 언제 공부를 그렇게 열심히 해봤겠습니까? 머리에 쥐가 나서 죽는 줄 알았습니다."

"그렇게 힘들게 공부를 했기에 과제 수행에 핵심적인 단어인 'CTQ', 'Vital Few' 등을 이해하게 되었고 부하 직원과 과제 수행에 대해서 대화가 가능해진 것 아닐까요? 만약 공부를 안 했더라면 나이 탓으로 모든 것을 돌리고 직원들과 소통도 못한 채 스스로 뒷방 늙은이로 물러나게 될 수도 있었겠지요, 허허."

"아! 그렇군요. 저도 과제 수행의 흐름은 어느 정도 이해를 하고 있기 때문에 제 경험을 살려서 부하 직원들에게 작은 도움이라도 주도록 노력하겠습니다. 임원님의 강력한 추진력이 아니었으면 제가 여기까지 올 수가 없었을 겁니다. 고맙습니다."

어떤 직원은 수많은 과제를 수행하려다 보니 너무 신경이 쓰여 머리카락이 다 빠졌다는 애교어린 불평도 했고 지도자에게 질문하러 다니려고 자동차까지 샀다고도 했습니다. 변화하기 위해서 그들이 참으로 많은 노력을 해 준 덕분에 현장은 확연하게 달라지고 있었습니다. 그리고 그 결과물들을 벤치마킹하러 오는 주변 회사들에게 정성스럽게 설명하는 그들의 얼굴 표정에서 그간의 노고를 다 잊고 뿌듯해 하는 모습을 볼 수 있어서 기뻤습니다. 모든 것은 그렇게 하나씩 고쳐지고 있었습니다. 한편으로 이 모든 변화는 몇 년 후에 직원들이 새로운 모습으로 탈바꿈하기 위한 힘의 원천이 되었고 업무 개선에 아주 큰 도움이 되었다고 생각합니다.

일상적으로 많은 사람들이
"나는 고생을 많이 한다."
"죽을 맛이다. 너무 힘들어 죽겠다."
"나는 가족 부양을 위해 뼈 빠지게 고생하고 있다."
하는 말들을 합니다.

하지만 오해하지 마세요.
일이 힘들지 않다는 것이 아닙니다.
플러스 발상을 하자는 것입니다.
힘들다고 여기저기 호소하기 보다는
일을 통해서 보람을 얻어서 좋고,
이렇게 일 할 수 있음에 감사하고,
도와주는 선후배가 있어 감사하고,
보다 향상된 나의 내일을 위해 오늘은 무엇을 할 것인가를
고민해 보는 생각들을 갖는 것이
나의 자존심을 지키는 것이라고 생각합니다.

남자의 얼굴…
자신에게 부여된 일을 사랑하고 즐기면서
열심히 살아 갈 때 가장 아름답게 보입니다.

미리 안 될 것이라고 포기하지 마세요.
시작이 반이며 실패하더라도 그만큼 발전하는 것 입니다.
아주 힘든 목표를 달성하기 위해서는 조금 더 노력이 필요할 뿐입니다.

인생이라는 조각보
오늘도 인생이라는 조각보를 바느질하고 있습니다.
정신 차리고 한 땀 한 땀 바느질하듯
곱게 정직하게 살아라. 막내야.
시집가는 딸을 위하여
하얀 명주솜 넣은 비단이불 호청 깃 정성들여 꿰매시던 어머니.

어느덧 중년에 닿고 보니
인생이란 참 서툰 바느질
어, 하는 순간
정갈한 명주실 타래에 무명실이 엉켜버립니다
어찌할꼬.
어찌할꼬.
다시 바늘귀에 실을 뀁니다.
조금은 어수룩하고
조금은 덜 세련되어도
나의 조각보는 완성되어 갈 겁니다.
나를 믿으며
나를 사랑하며
오늘도
인생이라는 조각보를 바느질하고 있습니다.

안개꽃 님, '독백'

우리는 오늘도 인생의 조각보를 만들어 가고 있습니다.
잘못된 것을 느끼지 못하고 지내기보다는
새삼 돌아보고 부족한 것을 수정해서 만들어 나가는
조각보가 되기를 바랍니다.

Chapter 3

미래지향적 삶을 위해
어떻게 해야 할까?

미래지향적
삶을 위해

근무환경 개선

직원들을 지시근로자로 양성하고 직원들의 삶의 질을 개선하고자 포스코엠텍은 철강업계 최초로 4조2교대제를 전면 도입했습니다.

그 시점의 포스코엠텍 포장사업부의 당면 과제는 다음과 같았습니다.

현재의 노동집약적 작업 방법이 지속되면 수익성이 악화되고 직원들의 근골육계 손상이 심해져 가므로 포장설비의 자동화율을 향상시켜야 하는데 직원들의 운영 수준이 미흡하여 능력을 향상 시킬 수 있는 시간 확보가 시급했으며 정착시키려고 노력하였다.

3조3교대 근무로 인하여 작업피로도가 누증되고 여유시간이 부족하여 일과 삶의 밸런스를 확보하기가 어려워 생활이 단조롭고 여유시간이 부족하여 개인적 취미 활동이나 가족과 함께 하는 시간을 갖는다는 것이 어려운 실정이었다.

　　따라서 해결책으로는 회사의 경영 여건도 고려하여 노무비가 증가하지 않는 것을 기준으로 한 근무체계 변경 방안을 뉴패러다임센타와 협의하여 검토하였으며 그 결과 4조2교대가 제안되었으나 직원들이 당초에는 4조3교대를 선호하여 직원 스스로 결정 할수 있도록 직원들의 찬반토론과 병행 시행 등을 시행하였으며 그 결과 직원들의 건의 하에 4조2교대로 전면 개편하였다.

　　개편이후 많은 어려움이 있었으나 완벽한 제도는 없는 것이라 보고 직원과 회사가 합심하여 안정화 노력을 기울여 새로운 제도를 정착시키고자 하였다.

※ 4조2교대 전환 과정에 대해서는 사정상 싣지 못하였으며
　관심 있는 분들은 제 블로그를 참조하면 도움이 되리라 생각합니다.

지식 근로자의 길

• 우선 경정비부터

'하늘의 왕이라고 불리는 매는 50년을 살고는 스스로 깃털을 뽑아서 다시 태어난다'

혁신革新을 이야기할 때 제가 자주 인용하는 말입니다. 좀 더 쉽게 말해서, 오래된 것을 벗고 새로운 것을 취하려면 각고刻苦의 노력이 반드시 필요하다는 것이 그 뜻이지요. 요즘은 사회적으로 정치, 경제 어느 분야에서건 '혁신'이라는 단어가 들어가지 않는 곳이 없는 것으로 봐서는 오늘날 나아가야 할 가장 절실한 방향이 이 단어에 들어있는 것도 같습니다.

혁신革新이란 한자어의 뜻을 풀어보면 '가죽을 벗겨내다'란 뜻이 됩니다. 즉, 낡은 것을 새롭게 고친다는 말이지요. 미국의 경제학자 슘페터joseph schumpeter가 1912년 자본주의의 역동성을 가져오는 가장 큰 요인으로 창조적 혁신, 즉 창조적 파괴creative destruction를 주창하며, 새로운 것을 취하기 위해서는 기존의 것을 버려야 한다고 했던 말과도 일부 부합하는 면이 있습니다. 일상에 익숙한 것들을 낯설게 보기 시작하면서 그 물음과 대답을 스스로 찾는 가운데 새로운 관점이 생기고, 이것이 남과 다른 방향에서 긍정의 답을 찾아가게 되는 촉매제로 작용하게 되며, 이것을 우리는 창조와 혁신이라 부르는 것입니다.

혹한을 역으로 이용해 빙설제氷雪祭를 유치한 중국 하얼빈 시市는

흑산도 바닷가 절벽에 붙어있는 소나무-악조건에 적응할 수 있을만큼만 성장함

매년 300만 명의 관람객을 유치하는 중국 10대 도시로 성장했고, 대학 캠퍼스를 시市 전제로 확장해서 지역민들이 각자 교수와 학생이 되어 서로 배우고 가르치는 일본 시부야 대학은 지역 공동체의 사회 경제적 활성화를 이루었습니다. 또 중동의 황무지였던 두바이는 모하메드 왕자의 창조적인 프로젝트로 전 세계의 부호들이 모이는 도시로 성장했습니다. 창조적 사고를 가진 그들에게 열악한 환경은 오히려 기회이면서 '그건 안 돼' 하는 고정관념을 깨어지게 만들고 상황을 낯설게 보도록 해서, 결국엔 남이 생각하지 못한 새로운 것을 만들어 낸 것입니다.

이것은 기업 경영에서도 마찬가지입니다. 성공적인 기업이 되기 위해서는 기업변신이 전제되어야 하며, 구성원들의 의식전환이 반드시 뒤따라야 합니다.

"직원들이 한 달에 하루는 의무적으로 학습을 하도록 유도 합시다."

종전의 교대제 하$_\mathrm{F}$에서는 직원 교육을 근무 시간 전후에 2시간씩 실시했었지만 피로 때문에 교육의 효과가 높지 않았습니다. 그래서 한 달에 하루는 학습일을 정해놓고 공부하되, 이날에 반드시 출근해야 급여가 보전保全되도록 하는 의무 조항을 만들었습니다. 참고로, 이후에 우리의 제도를 벤치마킹한 회사는 학습일을 1개월에 2일로 해서 학습을 강화하고 주변 대학에 관련 학과를 만들어 직원들이 학습에 보다 더 매진할 수 있도록 뒷받침한 사례가 있습니다. 확보된 학습 일을 최대한 활용해서 해야 할 일과 직원들이 이루어야 할 일은 바로 이제까지 단순 노동에 한정되었던 것에서 한 단계 향상된 설비 관리자로의 변모였습니다. 그리고 그것은 지식근로자로 가는 길이기도 했습니다.

제가 근무했던 포스코엠텍 광양사업소는 포스코의 열연熱延, 냉연冷延, 도금, TWBTailor Welded Blanks 라인에서 생산되는 제품의 포장 작업을 합니다.

한 라인 근무자는 6, 7명 정도이고 유사한 라인이 19개가 있으며, 현재 포장라인 구성02은 다음과 같습니다.

포장 순서	외포장치 투입	내포장치 투입	외포장치 접기	내,외 보호판 투입	내,외 보호판 부착	내주링 취부	외주링 단측판 취부	밴드 결속
도해								
작업 MODE	수동, 반자동	수동	수동	자동 (일부적용)	자동 (일부적용)	수동	수동	자동

　지금과 같은 반자동화半自動化가 되기 전 수작업手作業 하에서는 라인 당 약15명이 작업했는데, 이후에 작업 환경에 변화가 오면서 노동력이 많이 필요한 부분부터 기계화해서 6~7명이 근무하게 되었습니다.

　당시에는 운전 요원들이 기계를 운전하면서 정비를 동시에 해 나갈 수 있는 역량이 거의 전무全無했습니다. 그리고 설비를 운전하는 사람과 정비하는 사람은 철저하게 자신의 업무 범위 안에서 벗어나지 않으려 하는 문제점을 갖고 있었습니다.

　그 시절의 이야기입니다. 생산성 향상과 품질 향상을 위해서는 설비 가동률이 향상되어야 하고 적절한 시기에 중요 부품 교체 등이 이루어져야 하는데, 이것을 조사해보니 설비 휴지의 약 30%는 단순한 정비 업무이고, 30분 이내 교체 할 수 있는 부품 중에 품질 직결 부품들도 있었습니다.

　운전에서 일부의 직원은 설비에 대한 관심을 갖고 정비 업무를 일부 수행하는 직원도 있었으나 대부분의 직원은 운전과 정비의 업무

분장이 분리되어 있고, 운전하는 사람은 설비에 대한 이해도가 낮아서 정비 업무에 접근하기가 쉽지 않았습니다.

이 모든 문제의 원인은 무엇이었을까요? 바로 고정관념에 있었습니다. 직원들이 하나 같이 운전과 정비의 분리라는 오랜 관습에서 벗어나기를 거부하고 있었던 것입니다. 조업操業요원들 입장에서는 설비를 잘 모르니 어디를 어떻게 손 봐야 할지를 몰랐고, 또 일이 잘못되면 모든 책임을 자신들이 져야 하기에 절대로 손을 대려하지 않았습니다. 그렇기 때문에 심야 시간에 설비가 가동되지 않는 돌발 사고가 발생되면 당연히 정비를 호출하게 되고, 정비 요원은 심야에 출근해야 하며 설비가 비가동되므로 조업 요원은 수작업으로 힘들게 작업하고 있는 상황이었습니다. 운전하는 사람들에게 자체 정비를 하자고 하니 일부 인원은 참여 의사가 있는 듯 했지만 대다수가 아주 생소한 정비 업무를 해야 하는 것에 큰 거부감을 갖고 있었습니다.

또한 품질 직결 부품에 미세한 결함이 발생해도 정비 직원을 불러 교체하려니 귀찮기도 해서 그냥 사용하는 경우도 있었습니다.

당시에 포항사업소 주변 회사들은 혁신 활동을 일찍부터 진행해서 운전과 정비를 병행하고 있는 회사들이 있었습니다. 그래서 몇 회사를 방문하며서 느낀 것은 아무리 좋은 일도 빨리 혹은 억지로 하는 것보다는 그들 스스로가 필요를 느끼도록 만드는 것이 중요하다는 것을 깨달았으며.

다행히도 한편으로는 자기가 처리 못하는 영역을 정비원들이 짧은 시간에 하는 것을 보고는 배우겠다는 직원도 일부 있었습니다.

직원들의 사고를 바꾸는 방법에 한 참 고민하고 있던 중 때마침 포스코에서 타 회사 혁신 활동을 소개 해 주는 자리가 있었습니다. 그곳에서 문제의 해답을 발견하고는 4회에 걸쳐 우리 전 직원이 그곳을 견학한 일도 있습니다. (주)경동실업의 농공장(농촌의 공장)에서 일하는 시골 아주머니들이 스스로의 노력을 통해서 직장 환경을 개선하고 설비를 공부하고 개선해 나가는 모습, 바로 그것이었습니다.

"농촌 아주머니들도 그렇게 변화를 실천하고 있다 잖아."

"작은 노력을 했는데도 엄청 달라졌대. 하물며 젊고 혈기 왕성한 우리들이야 더 잘 할 수 있지 않겠어?"

그 작은 사례事例는 급격히 직원들의 마음을 움직여 수백 수천 마디 말 보다 더 강하게 와 닿기 시작했습니다. 그리고 우리 회사가 가고자 하는 방향에 대한 믿음과 가능성을 그들 마음에 심어주는 좋은 계기가 되었습니다.

또한 앞서 언급했던 경동실업으로 직원들이 견학을 다녀오고 난 뒤로는 혁신이 왜 필요한지 깨닫게 되어서 운전과 정비의 이중 작업에 대한 거부감도 줄어들었기에, 설비의 운전과 관리를 동시에 하는 지식근로자로 전환시키는 것이 아주 힘든 과제는 아니란 생각도 들었습니다. 그리고서 직원들이 변화에 대해 가지는 심적 부담감을 최소화하기 위해 우선은 정비의 작은 부분부터 배우게 하자며 두 가지 사항을 제안해 보았습니다.

우선은 설비관리의 기본인 급유給油, 급지給紙를 시행하는 것이었습니다. 사실, 설비의 급유, 급지 개소箇所는 많은 데 비해서 한정된 정비요원이 이 작업을 원활하게 수행하기가 어려웠습니다. 그 결과로 설비관리에 많은 허점이 발생했고, 정비원에 비해 상대적으로 인원이 많은 운전원들이 급유, 급지를 배워서 이 단점을 커버할 필요가 있었습니다. 그 다음으로, 30분 이내 조치 가능한 설비 고장 수리와 30분 이내에 교체가 가능한 부품들에 대해 교육할 필요가 있었습니다. 이것은 조업操業에서 약간의 교육만 받으면 누구나 정비가 가능한 것들이었기에 경정비 활동이라고 명명하고 시행하도록 했습니다.

급유, 급지 개소에 대해 라인별로 기준표와 관련 장표를 부착하고 관리 해 나갔으나 시행 초기에는 직원들과 중간 관리자들도 급유, 급지 개소에 대한 지식이 없고 생소하여 관심이 적었습니다. 일부 부품은 품질 관리와 직결直決되기에 문제 발생 시 긴급하게 조업에서 교체하는 것이 바람직했지만 적극적으로 참여 하려고 하지 않았습니다.

그래서 경정비 활동의 활성화를 위해서 직원들이 관심을 갖게 만들고 그간에 노력했던 분들을 격려하고자 장애조치 방법과 중요 부품 교체 등을 겨루는 기능 경진대회를 개최했습니다. 그러자 경진대회를 준비하는 과정에서 일부 직원이 적극적으로 노력한 결과 다소 복잡한 부품 교체를 조업 요원이 정비 직원 수준으로 시행하는 놀라운 결과가 나타났습니다. 저와 정비 요원들을 비롯하여 모두 각자의 눈으로 보면서도 믿기지 않을 정도로 깜짝 놀랐고 이 소식이 전해지자 많은 직원들이 부품 교체에 대한 호기심과 자신감을 갖고 도전했고, 이후에 작업 현장을 방문하면 정비에 대해 자신 있게 이야기하는 직원들을 볼 수 있었습니다. 또한 현장을 관리하는 부장과 팀장들의 열성적인 노력과 격려로 직원들도 움직이기 시작하여 어느 곳에 어떤 것을 급유給油, 급지給紙해야 하는지를 알고, 급지給紙해야 하는 이유까지 자신 있게 설명하는 수준으로 향상되어 갔습니다. 어떤 직원은 말하기를 급유, 급지를 하고 나서부터는 설비가 가동되는 상태를 느낌으로 알 수가 있어서 한 몸이 되어가는 기분이 든다고 했습니다.

한편으로 현장 교육과 더불어 지식 역량 강화에도 노력을 기울였습니다. 직원들의 설비 이해도를 올리기 위해 회사 내 학습시스템에 자료를 올리고 학습을 유도하면서 좀 더 도전적인 학습을 유도하고자, 기계정비산업기사 자격증을 취득하도록 했습니다. 이 자격증은 합격률이 20% 미만일 만큼 취득이 쉽지 않지만 직원들이 도전해야 할 목표를 설정하고 개인의 노력을 객관적으로 평가 할 목적으로 실행한 것입니다.

시행 첫 해인 2009년 합격 목표를 60명으로 산정하고 기계정비산업기사 자격증 응시 원서를 받았더니 지원자를 100여명 정도로 예상했는데 약 250명이 서류를 내서 직원들의 열정에 관계자들은 깜짝 놀랐습니다.

수십 년간 수동으로 작업했는데 쉽게 자동화가 진행되겠느냐고 의

구심을 갖던 그들이었으나, 지금껏 진행된 미래설비자동화 청사진을 애니메이션으로 구성해서 학습 일에 상세히 설명 한 이후로는 설비자동화가 이루어질 것이란 생각을 갖게 되었고, 또 이 환경에 부응 하지 못하면 자신의 위치가 흔들린다는 인식도 서서히 일기 시작하면서 스스로 의욕을 가지고 공부를 시작한 것입니다.

의식이 전환된 것이었지요.

기계정비산업기사 1차 시험에서는 적은 인원이 합격했지만 응시한 모두는 아마 지금껏 살면서 그토록 많은 시간을 공부한 적이 없었을 만큼 열과 성을 다 했습니다.

공부에 충실 하는 동안 직원들 각자의 가정 내 면학분위기가 자연스레 조성됐다는 점도 더불어 얻은 효과 입니다. 자녀들도 공부하는 아버지의 모습을 보며 더 열심히 공부하게 된 것입니다. 게다가 남편들이 종전에는 술집 순례를 2차, 3차 까지 다니다 보면 도시락 가방을 분실하는 일 때문에 아내들은 한 달에 도시락을 몇 개씩 새로 사야 했는데 요새는 책가방을 옆에 끼고 도서관으로 나가는 모습에 놀라워 했고, 그즈음 우리 직원들이 주거하는 지역의 도서관에 가보면 열심히 공부하는 직원들로 항상 북적거리고 있었습니다.

저는 자격증을 취득한 직원들에게 충분히 격려하고, 여기서 그치지 말고 또 한 번의 도전을 하라고 제안했습니다. 지금까지의 공부는 자격증 취득을 위한 공부였기에 그것으로는 지식의 체계화가 어렵다는 것, 이제까지 고생한 것의 극대화를 위해서는 더 깊은 공부가 꼭 필요하다고 간곡히 설득했습니다. 그들도 처음에는 너무 힘들어서 쉬고 싶다고 했지만 이제까지의 고생을 더욱 값지게 하기 위해서 필요하다는 생각에 흔쾌히 따라 주었습니다. 그래서 한국폴리텍대학과 산학 협력 협약을 체결하고 교수님들을 초빙해 회사의 설비를 보여주며 우리 직원들만의 맞춤 교육 과정을 개설해 줄 것을 부탁했습니다. 이윽고 직원들이 이 프로그램에 따라 학습하며 더욱 큰 효과를 얻었고, 이후에 합격한 사람들도 모두 이 과정을 거쳤습니다. 이것은 후에 진행되는 BP과정을 수행하는데도 큰 도움이 되었습니다.

BP(Best Plant)활동

BP(Best Plant)활동은 원래는 포스코에서 시범 실시하던 설비관리 개선 활동이었습니다.

BEST PLANT란

설비에 강한 오퍼레이터 육성을 위한 활동을 말합니다. 설비 구조의 6계통(구동, 윤활, 기계요소(체결), 전장, 유압, 공압)에 대한 지식 습득으로 설비검정능력을 향상시키고 설비 열화를 조기에 발견해서 조치 및 개선을 수행하며, 설비에 대한 이상발생을 발견할 수 있는 능력 및 자력 정비능력을 향상시키는 것을 말합니다. 한 마디로 설비 불합리를 개선해서 설비종합효율을 향상시키는 활동입니다.

지식근로자가 되자고 하면서 꾸었던 꿈이 어느 정도 익어갈 때 또 하나의 도전이 기다리고 있었습니다.

물론 이제까지 수행해온 일들이 있었기에 가능한 일이었지만 지금까지와는 수준 차가 너무 많은 수준의 일이었습니다.

그래서 포스코엠텍도 참여하도록 처음에 제안을 받았을때는 이 제도를 수행하기 위해서는 직원들에게 매우 부담이 될 것이며 힘든 과정을 거쳐야 하는 것이 걱정이되었습니다. 하지만 설비 자동화율을 향상 시키려는 회사의 정책에 매우 필요한 것이었고 4조 2교대로 확보된 학습일과 휴무일이 있어 실천 가능성도 높아 보였습니다.

또 한 번 직원들에게 새로운 도전을 요구해야 한다는 중압감도 있었지만 그들의 미래를 위해서는 꼭 필요하다는 생각이 들었습니다. 또 직원들의 작업 형태가 크게 향상되는 보람된 일이기도 했고 진정한 지식근로자가 되기 위해서는 꼭 필요한 도전이란 확신이 들어서 추진하기로 결정했습니다. 그간에 실시한 경정비는 정비 발생 업무의 30%를 해결 할 수 있었다면, BP활동을 통해서는 70%이상을 해결 할 수 있다는 판단도 섰습니다. 게다가 미래에 전全자동화 작업이 이뤄지면 근무 인원이 3~4명으로 축소되어 설비 이상 시에 현재와 같이 수작업으로 대응이 불가능하고 근무 인원 스스로 설비고장 조치 능력을 확보해서 대처해야 했습니다. 그리고 이것을 BP활동이 해결해 줄 수 있을 것이라는 확신도 섰습니다.

그렇게 해서 BP활동이 추진되었습니다. 포스코와 컨설턴트의 도움을 받고 추진을 원활히 하기 위해 전全 설비를 진행하기에 앞서 업무 적극성, 과제 수행 능력, 기계정비기사 자격증 소지자 등 우수 인력을 선발해서 선정된 모델 라인으로 집결시켰습니다. 사실 몇 년 전까지는 꿈도 꿀 수 없었던 수준의 인원으로 Dream Team을 경쟁자들 중에서 선발한 것입니다.

또한 조업 요원으로서 정비 경험이 있는 직원을 추진요원으로 Off Job시켜 정비의 핵심요원과 TFT를 구성해서 구체적인 시행 안案을 만들어 나갔습니다. 특히 선발된 핵심 멤버 5명의 열의가 대단했기에 이들을 특별 학습시켜서 지식 근로자 양성의 불씨를 만드는데 활용했습니다. 그들은 일에 대한 열정이 매우 높고 조업 경험도 있었으며 정비부서에서 1~2년간 근무한 경험이 있는 직원들이었습니다. 사실 이 직원들의 헌신적인 노력이 없었다면 업무 추진에 큰 차질이 있었을 만큼 그들은 중추적인 역할을 해 주었습니다.

이후로 기본 계획서를 작성하고 직원 교육용 교안을 만든 후 학습일을 이용해서 교육을 시작했습니다. 라인 휴지 시 마다 정비 요원들이 운전요원들에게 수시 교육을 실시하고 필요시에는 휴무일에 출근해서 학습을 하도록 했습니다. 6계통 중 한 계통에 대해 정리가 끝나면 모델라인에 시행 해 본 후 교육내용과 장표章表들을 보완하고 전 라인에 전파시켜 나갔습니다. 한 계통이 끝나면 반 단위로 이론과 실기 평가를 실시했고 부족한 부서는 재시험을 치르도록 했습니다.

반 단위는 대략 6~7명인데 BP 활동을 추진하는데 다소 적응하기 힘든 직원들이 있었기에 반 단위로 1~2명은 응시하지 않아도 되도록 배려도 했습니다. 전체 인원의 80%만 합격해도 회사가 지향하고자 하는 목표에 도달 할 수 있으리라고 생각했습니다. 또한 각 반 별로 우수사원을 선발해서 집중 교육하고 그 분들의 주관으로 반 별 자체 학습을 하도록 했으며, 휴지 시마다 정비 요원들의 이론 학습과 실기 시범을 지속적으로 실시 해 나가면서 직원들의 설비 이해도가 향상되기 시작했습니다. 모든 활동에는 적극적으로 참여하는 소수의 힘이 무척 도움이 되어 전체가 변해 가는 원동력이 되어 주었습니다.

교육 환경이 정돈되자 점차 학구열이 오르기 시작했고 이 과정을 통해서 핵심 멤버들은 해당 분야의 전문적인 지식을 획득하게 되었습니다. 그리고 작업 중에 기계 고장 상황이 발생하면 스스로 정비할 줄 아는 지식 근로자가 되어 갔습니다. 한 마디로 정비원이 했던 일의 일부를 운전원이 할 수 있게 된 것입니다.

BP업무 수행에 있어서 정비의 역할은 매우 중요합니다. 교안教案을 만들고 교육의 핵심을 이들이 담당하기에 이들은 BP의 성공여부에 지대한 영향을 끼치는 사람들이었습니다. 하지만 경정비를 시행하겠다는 회사의 방침에 정비원들은 처음에 반발도 많이 했습니다. 운전하는 사람이 정비 업무를 잘 수행 하겠어하는 편협한 생각도 있었지만 운전원이 정비를 할 경우 정비원의 위치에 대한 불안감이 컸던 탓도 있었습니다. 그래서 저는 정비원들의 눈높이를 올리는 것이 가장 급선무라는 생각이 들었습니다.

"여러분, 이때까지 일하면서 설비의 근본적인 문제 앞에서 당황한 적 많으시죠? 그때 스스로 해결하고 싶지만 현장에서 수시로 발생하는 돌발 문제점을 조치하는 것이 어려워서 피해오셨지요? 이제 정비원들은 지금보다 한 단계 더 높은 일을 해야 합니다."

이렇게 정비원들의 자질을 향상하겠다는 의지를 밝히고 사외社外 교육을 적극 권장하고 시행해 나갔습니다. 그들이 개선 전문가로 양성되도록 분야별, 능력별로 분류하고 각 개인별 발전 계획도 수립했습니다. 조업에서 정비 업무를 수행하기 시작하면서 그들에게 여유 시간이 생기자 그들 스스로 현장을 순회하며 설비의 근본적 개선이나 현재의 문제점을 찾아 해결하도록 지시했습니다. 정비원 전원에게 '6시그마 벨트' 자격증을 취득하게 하고, 지속적으로 과제를 수행하도록 한 것이 이 업무 수행에 큰 도움이 되었습니다.

드디어 정비원들의 업무 시야가 넓어지고 의식이 전환되기 시작했습니다. 그들이 고유의 업무를 찾아가기 시작하면서 부터는 그간에 포기하지 않으려던 것들을 운전원들에게 넘기기 위해서 운전원들에 대한 교육도 적극적으로 하게 되었습니다.

그 과정에서 우리 모두 어떤 깨달음을 가졌습니다. 관심을 갖고 의문을 가지며 개선하고자 고민하는 사람에게만 창조의 길이 보이며 지금보다는 발전된 내일을 맞이할 수 있다는 것입니다. 제가 퇴직한 후에 긴 문자가 온 적이 있습니다. BP 활동에 적극적이었던 한 직원이 있는데, 어려운 과제를 수행해서 큰 효과를 보았다고 자랑스러워하는 문자였습니다.

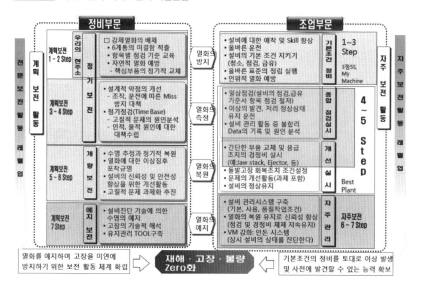

위의 내용[03]은 조업과 정비에서 추진하게 되는 현장 혁신 활동의 단계별 내용입니다. 조업은 자주보전을, 정비는 계획 보전을 해 나가게 되는데 조업은 자주보전 6단계까지 수행했으며 정비는 계획보전을 3단계까지 수행하고 퇴사했습니다. 조업에서의 수행 효과는 자체 정비율이 80% 수준까지 향상되었으며, 설비 사고가 발생하면 스스로 해결하기 위해 노력 해 보고 도저히 안 되는 경우에만 정비를 호출하는 문화로 바뀌었다는 것이 매우 고무적이었습니다. 정비는 단순 정비에서 벗어나 설비 수명을 연장하고, 설비기능을 향상하며, 설비의 구조적 문제점을 개선해서 설비의 고질적인 문제점들이 해결되었습니다. 이렇게 해서 보다 안정되고 향상된 설비를 가동할 수 있게 되었고 결국은 조업을 용이하게 해 주는 선순환 체계를 이루게 된 것입니다.

BP 활동을 통해 운전 요원들은 6계통 전체를 학습하고 훈련했습니다. 그 결과로 설비에 이상이 생기면 가능한 한 정비를 호출하지 않고 스스로 정비하려고 노력했습니다. 다시는 옛날로 돌아가고 싶지 않다, 예전에 작업하던 상황을 보면 얼마나 초라해 보이는지 모르겠다며 그들은 자신들이 이루어낸 성과와 현재 자신의 모습에 크게 자랑스러워했습니다. 그렇습니다. 그들은 그럴 자격이 있습니다. 정말 글로서는 표현 할 수 없는 수많은 어려움과 고통을 이겨냈고 자신들도 믿기 어려운 일들을 해낸 사람들 아니겠습니까.

담쟁이는 말없이 그 벽을 넘는다.
저것은 벽
어쩔 수 없는 벽이라고 우리가 느낄 때
그때,
담쟁이는 말없이 그 벽을 오른다.
물 한 방울 없고 씨앗 한 톨 살아남을 수 없는
저것은 절망의 벽이라고 말할 때
담쟁이는 서두르지 않고 앞으로 나간다.
한 뼘이라도 꼭 여럿이 함께 손을 잡고 올라간다.
푸르게 절망을 다 덮을 때까지
바로 그 절망을 잡고 놓지 않는다.
저것은 넘을 수 없는 벽이라고 고개를 떨구고 있을 때
담쟁이 잎 하나는
담쟁이 잎 수 천 개를 이끌고
결국 그 벽을 넘는다.

시인 도종환 '담쟁이'

벽을 만나는 일이 가끔 있습니다.
장애라고 생각하면 포기하기 쉽지만
새롭게 발전 할 수 있는 좋은 기회라고 생각하고
도전한다면 많은 것을 배울 수 있으리라 생각됩니다.

감사하는 삶은 힘이 넘치고,
남을 배려하는 마음이 생기고,
주변을 밝게 만들어 줍니다.
우리가 가진 것, 현재의 우리의 삶, 모든 것에 감사합시다.
여러분의 주변에 불만투성이인 사람이 많으면 좋겠습니까?
아니면 모든 일에 감사하고 제 본분을 다 하려고
노력하는 사람이 많으면 좋겠습니까?
직장이나 가정이나 다 마찬가지입니다.
조금만 비켜서서 보면 당연하다고 여기고 사는 것 중에도 감사 할 일이 많습니다.
나부터 감사의 바이러스를 퍼트립시다.
주는 만큼 받을 수 있습니다.
작은 도움이라도 주려는 사람, 같이 있어서 행복한 사람,
그 자리에 꼭 필요한 사람이 되도록 노력하면
무에서 유를 창조하는 엄청난 힘을 얻게 됩니다.

긍정적인 생각을 가지면 반은 진행된 것이나 다름없습니다.
처음 해 보는 일이지만 열심히 노력하면 잘 될 거야라는 생각으로
시작하면 분명 그 결실을 얻을 수 있습니다.
힘든 여정이겠지만 Best Plant에 도전하시는 분들. 힘내세요.

마음에 담아 둔다고 상대편이 알아주지 않습니다.
말하기가 겸연쩍지만 해 버릇 하면 괜찮습니다.
사랑한다는 말, 고맙다, 잘했다 하는 말을 많이 할수록
서로간의 관계가 좋아지고 소통이 잘 이루어지리라고 생각합니다.

일보 전진을 위해 휴식은 꼭 필요 합니다.
휴식이란 바쁘게 지내고 있는 자신을
잠깐 멈춰 서서 자신을 돌아보거나
새로운 문화를 접해 보는 것이라고 생각됩니다.
자신에게 주어진 시간을 최대한 활용하여
보다 향상된 삶을 이루시길 바랍니다.

사람은 떠난 자리가 아름다워야 한다고 합니다.
그리고 기억되는 사람이면 더욱 좋겠지요?
노력하겠습니다.

야구에서 투수가 위험한 상황에서 도망가는 피칭을 하기 보다는
정신을 차리고 정면으로 승부하여 상대방을 이길 수 있는
지혜를 찾는 것이 성공할 수 있는 길입니다.
어렵고 힘든 일이 생기면 피하지 말고

정면으로 부딪혀 나가는 것이 사는 길입니다.
어제 박태환의 수영 경기를 보면서
세상 모든 일이 누구와의 경쟁이 아니라
자신과의 싸움이라는 생각이 들었습니다.
게을러지고 나태해지고 싶은 욕구를 이겨내기 위한 몸부림이 있을 때
자신을 한 단계 끌어 올릴 수 있다고 생각합니다.
어떠한 훌륭한 선수라도 평소에 연습을
게을리 하지 않는다고 합니다.
끊임없는 반복과 꾸준한 실천만이 배운 것을
자기 것으로 만들 수 있습니다.
새로운 것에 도전하고 계시는 여러분들이
한두 번 해 보고 포기하지 마시고
내 것으로 만들 때까지 연습이 필요합니다.
올해 우리가 중점적으로 해 왔던 비정상작업에 대한 시뮬레이션도
연습 방법 중의 하나입니다.
몇 번을 했느냐 보다는 내 것이 되었는가를 반문해 보시고
부족하다면 반복해서라도 내 것으로 만들어 갔으면 합니다.

직원들은 회사 내에서 동료, 상하 간에 소통이 이루어질 때
가장 행복하게 느낀다고 합니다.

포스코 설문결과

내가 행복해 지기를 바라는 것도 좋지만
나는 남을 행복하게 해 주고 있는가도 생각 해 볼 일입니다.
우리 모두 행복해지고 변화하는 이 시대를 즐기면서 행복하게 사는 비결.
내가 변하는 것부터 시작됩니다.

Chapter 4

가치관 경영에
답이 있다

기업 가치관의
정의와 필요성

　2009년 12월에 제게 반가운 일이 생겼습니다. 당시에 회사 내에서는 혁신의 거센 바람 이 일기 시작했는데 아주 열악했던 포항 원료 공장에서 '먼지 없는 공장 만들기'활동에 성공했던 것입니다. 얼마나 결과가 좋았던지 그 먼지투성이 원료 적치 야드에서 자장면을 배달해서 먹을 수 있을 만큼 깨끗한 환경으로 탈바꿈한 것입니다. 그리고 광양 공장에서는 '설비에 강한 오퍼레이터 만들기'에 성공해서 운전 요원들의 설비 이해도가 부쩍 향상되었고, 설비장애 발생 시 70~80%는 자체 정비 할 수 있는 수준으로 올라섰습니다. 또 로봇 결속기 개발 등 신기술 개발 능력을 인정받아 포스코에서 매년 실시하는 혁신대회에서 최초로 제정된 '계열사 최우수상(회장상)'을 수상하는 명예로운 일이 일어났습니다. 그간의 어렵고 힘들었던 과정들을 눈 녹듯이 잊게 해 줄 만큼 자랑스러운 일이었습니다. 그리고 그 시점에 저는 새로운 고심을 하기 시작했습니다.

'이제 명실상부하게 포스코엠텍은 혁신의 명가가 되었는데 앞으로도 지속적인 성장이 가능할까? 이제까지의 혁신 활동들의 결과를 생각해 보면 전 직원들이 동참해서 이루어낸 것이지만 그 과정들에 과연 몇 %의 직원들이 자발적으로 참여 했을까? 그리고 만약 직원들의 자발적 참여가 아니었다면 향후에는 작업장 분위기가 어떻게 변하게 될까? 앞에서 강하게 당기는 힘이 없어지면 강했던 만큼 더 뒤로 후퇴하는 것이 아닐까…'

당시에 저는 통상 근무 연한인 4년 중에서 임원 임기 마지막 해를 맞고 있었습니다. 그리고 리더가 떠난 자리가 아름다우려면 조직원들이 스스로 지속 성장해 나가는 문화를 만들어야 하지 않을까 하는 것이 그 즈음의 새로운 고민거리였습니다. 그러던 어느 아침에 여느 날과 다름없이 회사에 출근해서 메일을 점검하던 중, 정기적으로 경영과 관련된 소식을 전해 주던 사이트에서 글 하나를 읽게 되었습니다. 애타던 마음에 눈이 번쩍 뜨이게 한 그것은 중국 전자 상거래 기업 알리바바 닷컴의 '가치관 경영'을 소개한 글이었습니다.

중국의 알리바바 닷컴阿里巴巴 www.china.alibaba.com은 중국이 WTO 가입을 준비하던 1999년에 설립된 전자상거래 업체입니다. 2013년 현재 중국전자상거래 시장의 80%를 장악한 이 회사는 이제는 매출액이 중국 국내총생산GDP의 2%에 이르는 회사로 성장했고 중국 뿐 아니라 전 세계 기업의 편리한 온라인 무역거래를 돕는 일을 담당하고 있습니다. 창업 10년 만에 세계적으로 귀감龜鑑이 되는 기업으로 성장한 전력을 가지고 있으며, 하버드 비즈니스스쿨에서도 이들의 성공 사례를 연구할 만큼 혁신적인 기업으로 평가받고 있지만 한때는 자금난에 시달린 전적도 있는 회사입니다. 하지만 금융 위기 속에서도 매출이 2008년 4890억 원을 기록한 불굴의 이력은 세계적 모범 사례가 되고 있습니다. 그리고 여기에는 가치관 경영이 한 몫을 했습니다.

가치관 경영이란 1990년대부터 미국 경영학계에서 불었던 최고경영자의 '가치관 리더십'에서 비롯된 이론입니다. 리더의 사고방식뿐만 아니라 경영 시스템 전반에 걸친 모든 사항을 임직원들이 스스로 공유하자는 것을 핵심으로 하는 이론입니다. 이때 사명Mission, 핵심가치Core Value, 비전Vision이 가치관 경영을 위한 3가지 요소로서, 이것이 직원들에게 직무 효율성을 넘어서서 각자의 일에 대한 참 의미를 깨닫게 할 신조로 작용하게 됩니다. 자발적인 일의 몰입도, 업무 효율성, 도덕성을 높여 하나의 목표를 향해 움직이도록 하는 것이 가치관 경영의 핵심이며, 미국 IBM의 경우 가치관 경영을 접목한 이후로 영업 이익률이 35%에 달했고, P&G를 비롯해서 알리바바닷컴 등의 회사가 가치관 경영을 잘 활용하는 회사로 정평나 있습니다.

가치관 경영을 하기 위해서 기업은 조직의 존재 이유인 사명使命을 명확히 하고 회사의 비전Vision을 보여주어야 합니다. 그리고 이것을 달성하기 위해 구성원 모두의 합의를 거쳐서 일관성 있는 핵심가치의 원칙과 기준을 제도화해야 합니다. 그리고 회사는 단계적으로 직원들과 회사의 비전vision에 대해 공감대를 형성하고 이것을 체계적으로 내면화內面化하고 실천하는 과정도 뒤따라야 합니다. 알리바바 닷컴의 경우는 창업주 마윈馬雲, Jack Ma. 1964~의 역할이 가치관 경영에 크게 작용했습니다. 마윈은 2009년 타임즈가 선정한 세계 영향력 있는 인물 100인에 등극한 인물이며, Financial Times 선정 '2013 올해의 인물'로도 이름을 올렸고, 2013년 433억 위안(약 7조7000억 원)의 자산으로 미국 경제 잡지 forbes가 선정한 중국 최대 부호 8위에 등극했습니다. 학창시절에는 의외로 바닥권의 성적을 가졌었지만 변화하는 미래 시장을 읽는 정확한 눈과 과감하게 상황 안으로 뛰어든 포부를 바탕으로 중국 IT업계를 대표하는 인물이 되었습니다.

알리바바 닷컴은 성공적인 가치관 경영을 위해 그들만의 가치관을 만들었습니다. 이것은 전략의 의사결정에만 작용되는 것이 아니라 조직원들이 실천할 수 있도록 모든 인사평가에 반영됩니다. 알리바바 닷컴은 아래의 여섯 가지 핵심가치[04]를 만들어서 직원들이 실천하게끔 인사평가에 50%를 반영했습니다. 각각의 핵심가치를 다섯 단계, 즉 1점에서 5점까지 나누고 각 점수에 해당하는 행동을 명확하게 표기했습니다. 가장 높은 점수인 5점은 4점의 행동을 모두 보였

1.고객중심 서비스	**1점** 타인을 존경하고 언제나 알리바바의 이미지를 보호한다.
	2점 질책을 받거나 억울해도 웃음을 잃지 않고 적극적인 자세로 고객과의 문제를 해결하려고 노력한다.
	3점 고객과의 커뮤니케이션 중 자신의 잘못이 아니더라도 공손하게 받아들인다.
	4점 고객 입장에서 생각해서 고객만족을 실현하며, 원칙을 지키고 회사와 고객이 원-윈 하도록 항상 힘쓴다.
	5점 고객의 요구에 앞서 미리 미리 서비스를 해준다.
2.협력	**1점** 팀의 활동에 적극 참여하고 동료의 도움을 적극적으로 받아들이며 함께 목표 달성을 한다.
	2점 중요한 결정전에 건설적인 의견을 제시하며, 토론에 적극적인 자세로 임한다. 토론 후 결정이 된 이후는 말과 행동 모두 무조건 따른다.
	3점 적극적으로 업무 지식과 경험을 공유하고, 동료에게 적극적인 도움을 준다. 집단의 힘을 현명하게 사용하여 문제를 해결하려고 노력해야 한다.
	4점 성격이 다른 다양한 동료와 함께 일할 수 있어야 하며, 개인의 선호를 업무에 개입시키지 않는다.
	5점 주인의식이 있어야 하며 팀에 긍정적인 영향을 줘야 하고 팀의 분위기를 개선하며 열정을 불어 넣어야 한다.
3.변화 수용	**1점** 회사의 변화에 적응하고 불평하지 않는다.
	2점 변화를 이성적으로 받아들이고 충분히 소통하여 성실하게 임한다.
	3점 변화 과정 중 일어나는 실패나 좌절에서 자기조절을 할 수 있어야 하며, 기타 동료들에게도 긍정적인 영향과 격려를 해줘야 한다.
	4점 업무 중 새로운 방법, 새로운 아이디어를 항상 생각해 본다.
	5점 변화를 추구하고 성과에도 큰 변화를 가져온다.

4. 성실과 정직	**1점** 성실하고 정직하며 겉과 속이 같아야 한다. **2점** 적절한 방법으로 자신의 의견을 제시한다. 잘못된 점을 지적할 때 해결책 또한 함께 제시해야 하며 직접적으로 의견을 제시해야 한다. **3점** 확인되지 않은 소식은 퍼뜨리지 않으며 다른 사람 뒤에 서 일과 타인에 대해서 불평하지 않는다. **4점** 잘못을 인정하고 잘못에 대해서는 책임을 진다. **5점** 회사에 이익이 되지 않는 불성실한 행위에 대해서 효과적으로 자제시킨다.
5. 열정	**1점** 자신의 일을 사랑하고 알리바바의 기업문화에 동의한다. **2점** 회사에 헌신하고 개인적 이익보다는 회사의 이익을 앞세운다. **3점** 적극적인 자세로 업무에 임하며 힘들어도 포기하지 않고 목표를 달성한다. **4점** 언제나 낙관적인 태도와 자신감으로 동료와 팀원들에게 힘을 준다. **5점** 높은 업무 목표를 세우고 오늘에 최선을 다하면 내일은 더 나을 것이라는 믿음으로 일한다.
6. 헌신	**1점** 오늘의 일은 오늘 완성하고 근무 중에는 업무와 관련된 일만 한다. **2점** 회사의 시스템을 따르며 반복되는 잘못은 하지 않는다. **3점** 끊임없이 공부하며 자신을 계발한다. 일을 할 때는 결과 지향적으로 한다. **4점** 중요한 일과 급한 일을 구분할 줄 알아야 하며 일을 정확하게 수행한다. **5점** 이전 업무 프로세스에 얽매이지 않고 복잡한 프로세스 를 간소화 하려고 노력해야 하며 적은 인풋으로 많은 아웃풋을 추구한다.

을 때 받을 수 있습니다. 한 마디로 기본에 충실 하라는 뜻이지요. 또 가치관 평가는 자가 평가를 통해 이루어지며 본인이 추상적으로 점수를 주는 것이 아니라 자가 평가를 한 근거와 사건을 제시해야 점수가 유효합니다. 참조: 조선닷컴

알리바바의 가치관은 사고思考의 혁신을 목표로 합니다. 사고가 달라지면 행동은 자연스럽게 변하고 일을 대하는 자세도 달라져서 이전과는 확연히 다른 결과를 낳게 되는 것입니다. 가치관이 높은 사람끼리 협업하면 일도 재미있고 보람도 큽니다. 구글 등 유수회사에서 높은 연봉을 받던 사람들이 알리바바로 전직한 이후에 급여의 하락에도 불구하고 만족도가 높았던 이유도 바로 가치관 경영 덕분이었습니다. 그리고 가치관 경영은 직원들에게 열정과 고민을 갖고 일하게 만들고, 창조란 바로 이런 데서 탄생하는 것이며, 가치관 경영이 창조적 경영의 인프라란 것도 우리는 깨달을 수 있습니다.

포스코엠텍에서는 기존에도 년마다 주기적으로 직원들의 업적 평가 및 능력 평가를 실시하고 있었지만 개인별로 평가해야 하는 항목 수가 너무 많고 복잡해서 많은 인원을 평가하기에는 어려웠습니다. 그래서 형식적으로 평가하기 사례도 종종 있었고 그것이 회사의 미션이나 비전과 정확히 일치한다고 장담할 수도 없었습니다. 그런데 알리바바의 가치관 평가표는 총 30문항 중에 여섯 개만 선정하면 되었기에 매우 효과적이었습니다. 그래서 우리 회사에서도 이것을 활용하기로 했습니다.

사람은 자신에 대한 외부에서의 평가나 지적에는 아주 민감하고 반항적이기 때문에 스스로의 평가가 가장 중요하고 정확합니다. 그래서 가끔은 일상에서 자신을 둘러싼 주변으로 시선을 돌려서 그 결과를 통해서 자신을 들여다보고, 과연 자신이 제대로 가고 있는지 점검하고 개선해야 합니다. '나는 자녀로서 부모에게 잘하고 있나, 남편으로서는?, 부모로서는?, 상사로서는?' 같은 질문에 대해서 점수를 매겨보는 식이지요.

가치관 평가표에 있는 내용들은 다양한 방법과 다양한 기회에 제가 직원들에게 교육하고 강조해 왔던 내용들이었습니다. 하지만 과연 그들 스스로는 어떻게 생각하고 있을까 하는 것이 궁금해 졌습니다. 적어도 평가표의 문구 중 3등급(60점) 이상이 되면 관리적으로 항상 요구하는 '자발적 참여', '적극적 행동', '주인 의식' 등을 갖는 사람들로서 이루어진 조직이 되리란 판단도 섰습니다. 그리고 가치관 평가표를 만들고 스스로 채점해 보도록 한 이유는 직원들의 내적 동기internal motive부여 때문이었습니다.

지금까지의 기업문화는 구성원들이 기업 목표를 달성하도록 하기 위해 각종 인센티브나 처벌 제도로 규제해 왔지만, 현 시대에는 사람의 마음을 움직여 자발적으로 행동하게끔 하는 데 초점을 맞춰야 하기 때문입니다. 실제로 세계적인 미래학자 다니엘 핑크Daniel H. Pink는 그의 저서 'Drive'를 통해 이 점을 밝힌 바 있습니다. 흔히 말하는 당근과 채찍은 오늘날에 큰 힘을 갖지 못하며 오히려 일에 대한 성과를 감소시키고 개인의 창의성을 말살하며 일에 대한 맹목적인 중독성을 유발한다고 합니다. 즉, 일에 대한 내적 동기가 없다면 직원들의 자발적인 충성심을 이끌어낼 수 없다는 것입니다. 그래서 저는 포스코 엠텍의 내적 동기를 '가치관 향상 계획' 수립을 통해서 만들어나가기로 했습니다.

과연 나는
프로인가?

'나는 어떤 사람인가', '직장인이라면 프로인데 과연 나는 제대로 된 직장인 인가?', '나는 조직 속에서 일을 잘하고 있는가?', '나는 주인의식을 갖고 있는가?'

직원들은 이 같은 문항을 체크하는 동안 스스로를 돌아보며 각 항목별로 직원 각자가 개개인의 수준을 점검, 인식하고 개선 활동 목표를 스스로 정하고 그것을 활성화 할 수 있도록 관리자들이 도와주게끔 지시했습니다. 그리고 그 결과로 직원 스스로 즐거운 마음으로 자신을 변화시켜가는 것이 목표였습니다.

우선은 중식 간담회에 참석 했던 일부 직원과 HR 지원실 직원들에게 각자 스스로 가치관 평가를 하고 개선책을 작성 해 보도록 요청했습니다. 주어진 표 대로 채점한 결과, 처음에는 90점이 나왔습니다.

"점수가 너무 높은데요. 다시 한 번 생각해서 작성하는 것은 어떨까요?"

저의 요청에 다시 평가가 시작됐고 이번에는 42점이라는 상대적으로 낮은 점수가 나왔습니다. 그런데 그 다음이 재미있었습니다. 부분별 수준 평가 결과 각자가 부족하다고 느끼는 점이 모두 다르고 개선 방향도 전부 달랐으며, 이제까지 피상적으로 교육 했던 내용과는 달리 상당히 실제적인 내용들이 도출되었습니다. 예를 들어 고객만족 부문에서 '나는 전화 받는 태도가 나빠서 지적 받은 일이 많다', '나는 지시 받고 대응하는 시간이 늦어 불만을 사고 있다', '나는 고객의 입장보다는 내 편의에 따라 행동하고 있다' 등 이었습니다. 그 이후 600명 전원에게 실시한 결과도 44점 수준이었습니다. 외부에서의 교육, 훈련만으로는 각 개인의 목표를 달성하기에 부족하다는 증거였던 것입니다.

자아성찰을 통한
변화의 시작

평가표의 척도대로 자신을 스스로 돌아 본 결과 직원들 각자는 자신의 부족함을 발견할 수 있었고, 어떻게 개선해야 할지는 그 누구보다도 스스로가 더 잘 알고 있었습니다. 이런 결과를 얻기 위해서는 직원들이 자가 평가를 할 때 스스로 솔직한 평가를 하도록 유도하는 것이 중요하고, 평가 결과에 연연하지 않도록 분위기를 조성하는 것도 중요합니다. 지금 낮게 평가되는 모습을 숨기지 말고 지금부터 노력해서 6개월 후에 얼마나 달라질지를 상상 해 보자고 강조했습니다.

자가 평가 결과가 나오자 각자의 평가 결과와 개선 대책을 회사 게시판에 게시했습니다. 가치관 향상 활동을 체계적이고 공개적으로 시행하게 하려는 의도인 한편, 각자가 자신의 가치관 변화에 책임감을 갖고 개선을 하도록 분위기를 만들어주려는 의도였습니다. 금연하려는 마음 다짐을 강하게 하려면 가족이나 주변에 선포하라고 했듯이 어떤 부서는 자신이 행해야 할 가치관별 개선 방안을 가슴에 달고 다니는 방법을 시행하기도 했습니다. 그간에 저는 직원들의 의욕을 더 고취시키려고 무던히 응원을 하러 다녔습니다.

"직원 여러분, 각자의 가치관을 향상시키면 조직 전체의 시너지를 만들 수 있습니다. 그로 인해 부서의 가치관 수준도 올라가고 회사 전체의 변화도 만들 수 있습니다. 그러면 결국 최고의 수혜자는 각자 본인들이 아닐까요? 그리고 가치관 향상을 통해 우리가 꼭 해야 할 것이 있습니다. 하고 싶은 일이 있는 회사, 보고 싶은 동료가 있는 회사, 만나고 싶은 상사가 있는 회사를 만들어서 정말 신들린 듯이 일해 봅시다."

가치관 향상 활동을 하면서 저를 비롯한 관리자들이 현장을 방문해서 직원들과 대화를 나눌 때는 이처럼 적극적이고 의욕적인 분위기에서 개선 대책에 대한 칭찬과 격려를 했습니다. 과거에 부족했던 부문에 대해서는 절대로 비난과 질책을 하지 않도록 담당자들에게도 주지 시켰습니다. 특히 개선을 너무 빨리 달성하도록 요구하는 것은 자제해야 하며 기다려 주는 미덕도 필요합니다. 그리고 평가와 진단에서 끝나지 않고 직원 스스로가 지속적으로 자신이 개선해 나가야 할 방향을 설정하고 스스로 개선 해 나가도록 시간을 주고 시행한 것에 대한 칭찬과 격려를 해 주고 개선 해 나가는데 도움을 줄 것이 없는지 장애 요인은 없는지 살펴봐야 합니다. 이것은 자신의 문제를 깨달아 스스로 문제 해결 방안을 찾아서 해결하도록 도와주는 코칭coaching의 기법이기도 합니다

"작업장에 가보니 확실히 달라졌더군요. 가치관 향상 활동을 하는 동안 직원들이 많이 바뀌고 있고 주어진 현실을 개선하고자 하는 분위기도 생겼고요. 예전에는 힘들어 했던 부분도 이제는 당연한 마음으로 수용하고, 직원 상호 간의 관계에서도 서로 개선되고 있습니다."

관리자들은 하나같이 이렇게 평가했습니다. 그간에는 변화의 필요성을 깨닫지 못했을 뿐이고, 느끼면 누구나 변할 수 있다는 것, 한 사람이 아니고 여러 사람이 같이 노력하면 그 효과가 더 클 것이란 것, 그것이 직원들 마음속에 요동치기 시작한 것입니다. 약 1년간 가치관 개선 활동을 하고 난 후에 평가를 한 결과는 52점 수준이었습니다. 활동 시작 전에 비해 10점 정도로 큰 폭의 성장이 있었던 만큼 현장 분위기도 좋아졌습니다.

무조건 반대만 하던 사람, 고객과 충돌이 많았던 사람, 변화에 적응하지 못하고 뒤쳐져 있던 사람 등 수많은 불합리한 상황들이 수많은 교육을 통해서가 아니라 직원들 스스로의 노력에 의해 변해 갔습니다. 그것은 고객사들도 깜짝 놀라게 할 일이어서 예전에 그렇지 않았는데 요사이는 같이 일하기가 정말 편하다고 평가 해 주기도 하고, 힘든 작업을 하고 있던 포스코 직원을 우리 직원이 자발적으로 도와

주어 고맙다는 전갈도 받았습니다.

이 같은 활동을 일 년 정도 시행 한 후, 방향을 개선하기로 하고 팀 리더 전원이 하루 종일 관련 활동을 토론했습니다. 그 결과 핵심가치[05]는 모사母社인 포스코와 일체감을 갖기 위해 포스코의 것을 그대로 갖고 왔고, 단계별 목표는 회사의 문화와 실정에 맞게 재작성하며 회사 내의 좋지 못한 문화로 형성된 것을 개선하기 위한 내용도 추가 했습니다.

5대 핵심 가치관

나는 오늘도 가치관 향상에 노력하고 있는가?

고객지향 (Customer)

1점 : 나는 고객의 중요성을 인식하고 긍정적으로 고객의 소리를 경청하는가?
2점 : 나는 고객의 요구가 있을 때 무조건 옳다는 사고로 감사하는 마음을 갖고 있는가?
3점 : 나는 고객의 요구를 달성하기 위해 적극적이고 신속하게 대응하여 신뢰를 확보하고 있는가?
4점 : 나는 사전에 고객의 잠재적 요구를 파악하고 해결하여 감동을 주고 있는가?
5점 : 나는 고객성공을 위하고 동반성장을 도모하기 위해 노력하고 있는가?

도전추구 (Challenge)

1점 : 나는 회사가 요구하는 변화를 수용하려는 마음 자세가 되어 있는가?
2점 : 나는 부서/팀의 달성목표는 무엇이고 해야 할 일이 무엇인지 알고 있는가?
3점 : 나는 어려움이 닥쳐도 신념과 의지를 가지고 열정적으로 노력하고 있는가?
4점 : 나는 실패에서 배우는 자세로 Stretch Target을 설정하고 도전하는가?
5점 : 나는 새로운 가치창출을 위해 창의적이고 즐거운 마음으로 일하고 있는가?

실행중시 (Execution)

1점 : 나는 불평 불만하지 않고 안전, 혁신, 품질활동에 적극 참여하고 있는가?
2점 : 나는 주인의식을 가지고 업무를 드러내어 낭비를 제거하고 있는가?
3점 : 나는 지속적으로 프로세스를 개선하고 표준화하고 있는가?
4점 : 나는 표준대로 행동따로를 근절하여 반드시 표준을 준수하고 있는가?
5점 : 나는 끊임없는 개선과 혁신으로 성과를 창출하여 회사의 명예와 가치를 향상하는데 기여하고 있는가?

인간존중 (People)

1점 : 나는 확인 되지 않은 유언비어를 퍼뜨리거나 타인을 음해하고 있지 않은가?
2점 : 나는 열린마음으로 다양성을 인정하고 상호간의 인격을 존중하여 배려와 협력을 실행하고 있는가?
3점 : 나는 공동업무 추진시 토론에 적극적으로 참여하며, 반대 의견이 있으면 해결책 또한 함께 제시하고, 결정사항에 무조건 따르고 있는가?
4점 : 나는 자기 계발을 통해 역량을 강화하여 회사발전과 함께 동반성장하고 있는가?
5점 : 나는 생산, 품질보다는 안전을 최우선으로 생각하고 자율적으로 실천하며 인간존중과 사랑을 바탕으로 동료 안전을 지켜 주도록 노력하고 있는가?

윤리준수 (Integrity)

1점 : 나는 봉사활동 등 사회공헌활동에 적극 참여하고 있는가?
2점 : 나는 회사의 자산을 내 목숨같이 소중히 관리하고 있는가?
3점 : 나는 회사의 품격에 걸맞는 직원의 책무를 다하고, 품위를 유지하기 위해 노력하고 있는가?
4점 : 나는 우월적 지위를 이용하여 고객에게 대가나 부당한 요구를 하지 않는가?
5점 : 나는 이해 관계자와 동반 성장이 되도록 노력하고 있는가?

고객지향의 정의
Customer

→ 포스코엠텍는 모든 업무에서 고객을 우선시 하고
고객의 목소리를 경청하며
고객에게 가치를 제공 하고자 최선을 다합니다.

Keywords	고객중심	경청	가치창출

Keywords 해설	업무를 수행할 때, 내부 중심의 자세를 버리고 고객의 입장에서 생각하고 실천하는 것	겸손하고 친절한 자세로 고객을 대하며 고객의 목소리를 경청하고 그 기대와 요구에 부응 하도록 노력하는 것	고객이 원하는 최고의 품질과 서비스를 제공함으로써 고객가치를 창출하고, 고객과 함께 성장하는 것

5대 핵심 가치관	바람직하지 않은 행동(DONOTs)	바람직한 행동(DOs)	실천방법(예시)	비고
고객지향	① 나는 고객의 중요성을 인식하고 긍정적으로 고객의 소리를 경청하는가?			
	고객의 소리(요구)에 방어적으로 대한다.	고객이 누구인지 명확히 알고 고객의 의견을 경청한다.	1회/일 고객에게 전화하기	
	② 나는 고객의 요구가 있을 올 때 무조건 옳다는 사고로 감사하는 마음을 갖고 있는가?			
	고객의 목소리를 선택적으로 듣고, 내 입장에서 고객을 대한다.	고객 감동을 위해 고객의 요구사항을 긍정적으로 생각한다.	역지사지(易地思之)의 자세로 업무에 임한다.	
	③ 나는 고객의 요구를 달성하기 위해 적극적이고 신속하게 대응하여 신뢰를 확보하고 있는가?			
	고객 불만사항에 대해 임시방편으로 넘어가려고 함	고객의 요구와 기대에 부응하는 품질과 생산성 향상에 대한 계획/실적 관리를 한다.	품질.생산성 향상 활동	
	④ 나는 사전에 고객의 잠재적 요구를 파악하고 해결하여 감동을 주고 있는가?			
	고객을 고려하지 않고 업무 편의 주의적 접근을 한다.	개선 과제를 통한 품질 불량율 사전 제거 한다.	품질향상 과제.품질 Survey 활동 →	
	⑤ 나는 고객성공을 위하여 동반성장을 도모하기 위해 노력하고 있는가?			
	고객의 특성에 관계없이 엠텍의 입장에서 고객을 일방적으로 대한다.	변화의 출발점도 고객이며 변화의 성공도 고객에서 끝난다는 사고를 갖는다.	Benefit Sharing 과제 발굴	

도전추구의 정의
Challenge

우리는 역경 속에서 더욱 강한 정신을
발휘하고 실패를 두려워하지 않는
진취적인 자세로 과감히 도전합니다.

Keywords	최고지향	위험감수	변화주도
Keywords 해설	현실에 안주하지 않고 각자의 맡은 분야에서 최고가 되기 위해 열정적으로 노력하는 것	도전적인 목표를 이루기 위해 역경과 실패를 두려워하지 않는 자세로 과감히 시도하는 것	끊임없는 학습, 기술개발, 혁신을 통해 장기적 안목으로 미래를 선도하는 것

5대 핵심 가치관	바람직하지 않은 행동(DONOTs)	바람직한 행동(DOs)	실천방법(예시)	비고
도전추구	①나는 회사가 요구하는 변화를 수용하려는 마음자세가 되어 있는가?			
	상사가 지시한 업무만 추진한다	스스로 올바른 과제를 찾는 활동을 한다	혁신활동(B/P,경정비 활동), 작업표준 준수	
	②나는 부서/팀의 달성목표는 무엇이고 해야 할 일이 무엇인지 알고 있는가?			
	부서 및 팀의 목표 보다는 개인의 조그마한 성과만 생각한다.	부서, 팀의 목표를 명확히 인식하고 그에 따른 개인목표 설정 한다.	부서 팀의 KPI 및 실행운영 목표 인지, KPI에 따른 MBO 설정	
	③나는 어려움이 닥쳐도 신념과 의지를 가지고 열정적으로 노력하고 있는가?			
	자기계발에 소홀히 하고 현실에 안주하려고 한다.	자기분야에서 프로라는 인식을 가지고 끊임없이 학습하고 노력한다.	직무전문 자격증 취득	
	④나는 실패에서 배우는 자세로 Stretch Target을 설정하고 도전하는가?			
	단기적으로 가시적인 성과를 보여 줄 수 있는 것에만 최선을 다한다	실패에 좌절하지 않고 이를 발판으로 삼아 끊임없이 목표를 향해 매진한다	품질불량 Zero화, e-learning 250hr,봉사활동 60hr	
	⑤나는 새로운 가치창출을 위해 창의적이고 즐거운 마음으로 일하고 있는가?			
			궁측통기술	

| 실행중시의 정의 Execution | ⇒ | 엠텍은 상호협력을 바탕으로 정해진 목표를 끝까지 완결하기 위해 노력하며 그 결과에 책임을 집니다. |

Keywords	책임의식	상호협력	성과추구
Keywords 해설	주인의식을 갖고 최선을 다해 자신의 업무를 수행하고 그 결과에 책임을 지는 것	열린 사고를 바탕으로 솔직한 커뮤니케이션을 하며 공동체의식으로 함께 문제를 해결해 나가는 것	형식보다 실질을 중시하고 보다 나은 결과를 스피디하게 성취해 내는 것

5대 핵심 가치관	바람직하지 않은 행동(DONOTs)	바람직한 행동(DOs)	실천방법(예시)	비고
실행중시	① 나는 불평 불만하지 않고 안전,혁신,품질활동에 적극 참여하고 있는가?			
	피동적이고 수동적인 참여와 형식적으로 활동 한다.	솔선수범하고 적극적인 자세로 업무에 임한다.	ILS준수,Clean Room활동,불량 Zero활동 등	
	② 나는 주인의식을 가지고 업무를 드러내어 낭비를 제거하고 있는가?			
	개인간,부서간 지식공유와 의사 소통을 단절 시킨다.	모든 업무를 들어 내놓고 동료들과 공유하며 상호협력 한다.	원가절감 활동(낭비요소 발굴 및 공유)	
	③ 나는 지속적으로 프로세스를 개선하고 표준화하고 있는가?			
	업무 담당자가 바뀌면 일의 성격과 처리 방식이 완전히 달라진다.	개선활동을 통한 업무 표준화를 추진한다.	제안등 개선활동으로 업무 표준화(업무 매뉴얼)	
	④ 나는 표준대로 행동대로를 근절하고 반드시 표준을 준수하고 있는가?			
	편리하고 관행이라는 이유로 표준을 무시하고 작업 한다	불합리한 표준 개정 활동을 꾸준히 실시한다.	표준준수 자가진단 활동,규정 지침준수(업무기준),표준 개정	
	⑤ 나는 끊임없는 개선과 혁신으로 성과를 창출하여 회사의 명예와 가치를 향상하는데 기여하고 있는가?			
	조직의 목표 달성에 필요한 사안이라도 내 생각과 다르면 좌시한다.	부문 또는 부서간에 대형과제 추진 시 적극 참여하여 성과창출 한다.	Mega Y / Big Y	

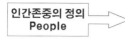

인간존중의 정의 People	→	엠텍은 직원들이 역량을 최대한 발휘할 수 있도록 공정한 기회를 제공하며 개개인을 배려하고 신뢰합니다.

Keywords	신뢰와 배려	공정성	자아실현
Keywords 해설	모든 구성원은 인격적인 존재로서 개성의 차이와 다양성을 존중하고 배려함으로써 상호 신뢰의 문화를 구축해 나가는 것	능력과 업적에 따른 공정한 평가와 보상으로 자율과 창의가 발휘되는 일터를 가꾸어 나가는 것	회사는 적정한 성장 기회를 제공하고, 직원은 부단히 역량을 개발함으로써 개인과 회사의 성장을 동시에 추구하는 것

5대 핵심 가치관	바람직하지 않은 행동(DONOTs)	바람직한 행동(DOs)	실천방법(예시)	비고
인간존중	① 나는 확인되지 않은 유언비어를 퍼뜨리거나 타인을 음해하고 있지 않은가?			
	개인들간의 사사로운 감정으로 인해 동료를 음해하거나 소문, 풍문을 사실인양 퍼트린다.	칭찬과 배려 감사한 마음을 통해 보고 싶은 동료, 행복한 직장이 되도록 앞장 선다.	일일오감 운동	
	② 나는 열린 마음으로 다양성을 인정하고 상호간의 인격을 존중하여 배려와 협력을 실행하고 있는가?			
	자기자신만을 생각하고 타인에 대해 선 무관심하다.	개인배려(Individual Care)를 통해 상 하 간 신뢰와 격려의 문화를 형성한다.	쌍방향 커뮤니케이션, 의견존중	
	③ 나는 공동업무 추진시 토론에 적극적으로 참여하며, 반대의견이 있으면 해결책 또한 함께 제시하고, 결정 사항에 무조건 따르고 있는가?			
	타인의 생각과 견해에 대해 경청 하지 않고 자기 생각만을 고집한다.	한번 합의된 일에 대해서는 한 방향이 되어 내 일처럼 협력한다.	동호인 활동 및 업무 토 론회시 적극 참여 (대안 제시)	
	④ 나는 자기계발을 통해 역량을 강화하여 회사발전과 함께 동반성장하고 있는가?			
	본인은 노력하지 않으면서 자기 계발을 경주하는 직원들을 못마땅 하게 생각한다.	개인별 업무능력 계발사항을 기록하는 제도에 동참하여 동반 성장한다.	PSC	
	⑤ 나는 생산, 품질보다는 안전을 최우선으로 생각하고 자율적으로 실천하며 인간존중과 사랑을 바탕으로 동료 안전을 지켜주도록 노력하고 있는가?			
	생산과 품질을 위해 안전을 경시 한다.	작업현장에서 '안전'을 최우선으로 생 각하며 사안을 처리한다.	상호지적, SAO활동, ILS, 표준 자가진단 활동	

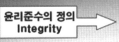

엠택은 확고한 윤리의식 토대 위에서 정직하고 투명하게 경영하며 다양한 이해관계자를 위한 사회적 책임을 다합니다.

Keywords	윤리의식	투명성	파트너십
Keywords 해설	도덕성을 바탕으로 기본과 원칙을 지키며 작은 부정이나 부패도 용납하지 않는 것	기업 활동에 정도를 추구하고, 모든 업무를 투명하게 처리하는 것	다양한 이해관계자와 상생을 추구하며 환경적, 사회적 책임을 다하는 것

5대 핵심 가치관	바람직하지 않은 행동(DONOTs)	바람직한 행동(DOs)	실천방법(예시)	비고
윤리준수	① 나는 봉사활동 등 사회공헌활동에 적극 참여하고 있는가?			
	나눔과 헌신적인 일을 하기보다 마음에 드는 일만 한다.	지역민과 함께하는 맞춤형 봉사 활동에 적극 참여한다.	봉사활동 45hr/인	
	② 나는 회사의 자산을 내 물건같이 소중히 관리하고 있는가?			
	불법, 편법임에도 아무 의식 없이 관행을 따른다.	회사 자산이나 정보를 이용하여 개인적 이익을 취하지 않는다.	원가절감 운동(포장자재 정규격 사용 등),정보보안	
	③ 나는 회사의 품격에 걸맞는 직원의 책무를 다하고, 품위를 유지하기 위해 노력하고 있는가?			
	일을 정확하게 처리하지 않거나 상황과 결과를 솔직하게 보고 하지 않는다.	원칙과 절차에 따라 공정하고 합리적으로 업무를 처리한다.	금연,윤리실천 행동준칙 윤독회	
	④ 나는 우월적 지위를 이용하여 고객에게 대가나 부당한 요구를 하지 않는가?			
	공과 사를 구분하지 못하고 직위를 이용해 개인의 이익에 몰두한다.	업무와 관련된 이해관계자와 정당하지 않은 행위를 하지 않는다.	각종행사 시 이해관계자에게 통보하지 않기 등	
	⑤ 나는 이해관계자와 동반성장이 되도록 노력하고 있는가?			
	회사에 이익이 된다면 이해 관계자의 손실과는 상관없이 업무를 수행한다.	업무 파트너와 호혜적인 신뢰관계를 형성하고 공동의 발전을 추구한다.	공급자재(자재 공급 및 납품업체)에 대한 품질 개선사항 발굴 통보	

이 같은 가치관 활동을 통해 변화된 직원들의 모습이 아래의 글에 담겨있습니다.

- 항상 변화를 싫어하고 부정적인 사고

  → Best Plants활동에 매우 적극적으로 활동하고 있음.

- 입사하기 전부터 자기개발을 해본 사례가 없었음

  → 2011년 2월20일 지게차 중장비 시험에 응시하여 합격함으로써 적극적인 의욕 상승중임.

- 개인적인 성향이 강해 항상 불만적인 태도로 주변여론을 자극함

  → 가치관 활동 이후 적극적인 B/P 활동을 했고 해당 Line에서 우수한 평가를 받았음. 2011년 1차 기계정비 산업기사 자격시험에 응시하는 등 회사 방침에 적극적으로 수용하고 있음.

- 2010년도에 입사해서 회사업무를 배우고 적응 하는데만 치중

  → 도전추구Challenge 부문에 발전이 있음. 현재 기계정비 산업기사 자격 취득을 목표로 휴무일 도서관에서 열심히 공부함.

- 학습동아리활동 실적이 저조하고, 고객과의 잦은 다툼이 있어 적극적인 참여를 유도했으나 제대로 관리되지 않으며 항상 불만을 제기함.

  → 개인의 행위가 팀에 미치는 영향 등을 인식하고 현재는 솔선수범하고 있음.

- 개인적인 건강관계로 인해 동료와의 공동 작업 등에 빠지는 경우가 많음. 회사의 변화 수용에 적극적이지 못함.

  → 데카르트활동을 통한 개인 건강관리 유도 및 봉사활동과 더불어 조직 활성화에 적극적으로 참여함. 직원 간 원활한 소통과 긍정적인 사고로 변화수용에 적극적으로 따라옴.

- 학습 동아리 개인별 활동 실적이 저조하여 팀별영향이 있어 개별 면담하였으나 시간이 없다는 핑계만 일삼아 동료의 불만을 일으킴.

  → 주임과 자기개발 능력을 공유하면서 동료들과 관계도 적극적임. 학습동아리 활동의 적극적인 참여로 S등급을 유지함.

- 대인관계에 어려움이 있고 회사에 미온적인 반응보임.

  → 조직 활성화의 적극적인 참여 활동을 통하여 자기 의사 표현을 함. 직원 간 원활한 소통과 긍정적인 사고로 변화수용에 반응을 보임.

- 혁신활동에 수동적으로 참여 하는 등 적극적인 자세가 부족함. 자기 계발 의지가 부족함.

  → BP활동 서기로 활동하면서 적극적으로 참여하고 직원들과 함께 추진하려는 의욕이 두드러지게 나타남. 포장품질 향상을 선임자로서 적극적으로 대처함.

- 내성적인성격으로 동료와 잘 어울리지 못함. 특정인 외에는 대화를 하지 않음. 작업 시에도 본인의 작업외에는 관심을 가지지 않는 편임.

  → 새로 설치된 로봇결속기에 관심을 많이 가지고 배우려는 의지가 보임. 동료들과 대화를 통해 설비를 배우려고 노력함.

- 그 동안 학습동아리 개인별 활동 실적이 저조하여 라인, 조별, 팀별영향이 있어 적극적인 동참을 유도하였으나 '시간이 없다', '할 일이 많다'는 이유로 불만을 제기.

  → 조직 구성원으로 단독행위로서 미치는 팀별 악영향을 제시한 바, 이를 수용하여 자기개발을 위해 산업안전기사 시험응시는 물론 학습동아리 활동의 적극적인 참여로 A. S등급을 유지하고 있음. 어려운 일에 솔선수범 하고 있음.

- 개인적 성향으로 대인관계에 어려움이 있음. 회사의 변화 수용에 미온적인 반응.

  → 봉사활동과 더불어 조직 활성화의 적극적인 참여로 자유분방한 의사 표현을 통해 직원 간 원활한소통과 긍정적인 사고로 변화수용에 반응을 보임

이렇게 가치관 개선 활동을 계속하다가 포스코에서 실시하던 '5감 활동'으로 대체했습니다. 가치관 향상을 다소 철학적으로 여기며 어려워하는 직원들이 일부 있었고, 일상에 대한 감사를 기록하는 '5

감 활동'이 가치관 개선 활동과 유사한 부분이 있었기에 이것으로 대체한 것입니다. 가치관 향상 활동의 목표치인 60점 이상에 도달하지 못하고 마무리 되어 무척 아쉬웠고, 그 정도 점수가 1~2년간 유지된다면 정말 꿈같은 문화를 가진 회사로 자리를 잡았을 텐데 하는 미련이 조금쯤은 남았습니다.

반면에 '가치관 개선활동'과 '5감 활동' 이 두 가지 제도를 모두 시행해 보니 새로운 눈도 뜨게 됐습니다. '5감 활동'을 먼저 실시하고 이것으로 확보된 긍정적 마인드 속에서 직원들 각자가 지향해야 할 방향으로 가치관의 좌표를 준다면 금상첨화가 아닐까 하는 생각 말입니다. 감사 운동과 가치관 향상 활동이 연계된다면 직원 스스로의 만족도도 올라갈 것이며 경영 이익에도 큰 도움이 되리라 확신합니다.

'자발적 참여', '적극적 행동', '주인 의식' 이 충만한 조직이 되기 위해서는 직원 각자가 가치관 평가표를 스스로 채점하면서 자신의 내적 동기를 부여 하는 것이 중요하다고 생각합니다.

회사가 제시하는 핵심 가치관 별로 자신의 위치를 파악하고 개선점이 무엇인가를 찾아가는 과정을 통해 스스로 변화하려는 의지를 읽을 수 있었으며

그것은 다음에 얘기하고자 하는 작업표준 준수 활동에 있어서도,

직원 각자가 자신이 어느 정도 작업표준을 준수하고 있는가를 성찰케 함으로서, 개선해야 할 대상이 무엇인지 깨닫게 하여.

직원들이 작업 표준을 지키기 위해 노력해야겠다고 다짐하는 분위

기가 자연스럽게 형성되었습니다.

이것은

'모든 사람은 온전하고(Hoiistic), 해답을 내부에 가지고 있고(Resourceful), 창의적인(Creative) 존재'이다. 라는 코칭의 정의를 바탕으로

상대방의 지속적인 변화와 성장을 위해 과제에 대한 해답을 제시하기 보다는 과제의 해답을 스스로 찾아가도록 옆에서 적극적으로 도와주는 코칭 활동과도 일맥상통 할 수 있었으니 코칭의 효과를 톡톡히 봤다고 생각합니다.

결론적으로 사람의 변화를 유도하기 위해서 교육은 필요하지만

한 단계 더 높은 목표를 달성하기 위해서는 자신을 성찰하여 부족함이 무엇인지를 느껴야 비로써 진정한 행동이 일어 나고 더 높은 목표를 달성 할 수 있습니다.

도전은 엄청난 결과를 얻기 위해서만 존재하는 것은 아닙니다.
자신의 작은 습관, 생각을 바꿔 보는 것도 도전입니다.
비판, 불만, 부정적 사고방식이 많았다면
이제부터 아주 작은 일이라도 긍정적으로 생각하고
타인을 배려하는 마음을 가지려고 노력 해 보는 것도 도전의 하나입니다.
오랫동안 나를 지배해 온 것에서 떠난다는 것은 쉽지 않기 때문입니다.

오늘이 내 인생에서 가장 젊은 날입니다.
10년 후에 시도하지 않은 것을 후회 할 것을 뻔히 알면서도
여러 가지 이유로 오늘도 다음으로 미루고 있는 것은 없나요?
좋은 꿈도 실행력이 뒷받침해 주어야 합니다.
변화는 생각만 한다고 해서 이루어지는 것은 아닙니다.
행동방법을 구체화 하고 매일 반복해서 자기 세뇌를 해야 합니다.
그 결과물이 분명 내 인생에 도움이 될 것이 확실하므로
그 어떤 어려움도 이겨내고 이루고야 말겠다는 의지가 필요합니다.
생활태도, 업무에 임하는 태도를 바꾸는 것도 마찬가지입니다.
아주 어려운 것 같지만 종이 한 장 뒤집는 것만큼 쉽기도 합니다.
생각만 바꾸면 세상이 달라지는 것을 실감할 수 있습니다.

자신의 가치를 높이기 위해 끊임없는 노력과 연습이 필요합니다.
직무 향상과 더불어 직장인으로서 갖추어야 할 가치에 대해서도
자신의 위치를 인식하고 더 높은 곳을 향한 부단한 노력이 필요합니다.
나 자신과 주변 사람이 변하여 조직 전체의 분위기가 변한다면
즐거운 회사, 같이 일하고 싶은 사람들이 있는 회사, 보고 싶은 사람이 있는
회사로 바뀌어 지리라 생각됩니다.
그날까지 저도 지금보다 개선되도록 노력 하겠습니다.
오늘의 변화가 앞으로 남은 제 인생에 큰 도움을 주리라는 것을 확신합니다.

주변에 사람은 많지만 지독한 외로움을 느끼는 사람이 있습니다.
우리 주변에는 없나요?
나 자신이 그렇다면 헤쳐 나오기 위해서

다른 사람과 같이 동참하려는 노력을 해야 하며
누군가가 외로워 보인다면 말 한번 걸어 보시는 것이 어떨까요?
여러분은 삶의 목표, 살아야 할 이유를 갖고 계신가요?
현재의 삶을 돌아보고, 앞날을 점검 해 보는 시간을 가져 보는
의미 있는 시간을 가져 보시기 바랍니다.

변화의 첫째 요건은 익숙했던 방식을 버리는 과정입니다.
익숙한 것과 결별하고 즐겁고 신나는 마음으로 새로운 곳으로의 여행을 떠납시다.
시작이 반 입니다. 가다가 멈추어도 간 것만큼은 변한 것이 되지 않겠습니까?
저도 경청하겠다는 생각을 하고 노력도 해보지만 잘 안됩니다.
상대방의 말을 이해하고, 겉만 보지 말고 내면에 갖고
있는 문제가 무엇인지 이해하도록 노력 하겠습니다.

현재는 수명이 길어져서 해야 할 일이 하나로 끝나지 않고
또 다른 길을 가야 합니다.
새로운 길을 가야 할 때 하나 첨언한다면 자기가 잘 할 수 있는 일보다는
즐겁고 신나게 즐길 수 있는 일을 했으면 합니다.
깊은 자기 성찰을 통해 자신을 들여다보고 자신과 대화 해봅시다.
"나는 무엇을 할 때 행복하고 즐거워했는지"를……
행복하고 따뜻한 주말되시기를 바랍니다.

습관을 바꾸기 위해서는 먼저 생각이 바뀌어야 합니다.
생각을 바꾸는 것은 훈련이 필요합니다.
내 주변에서 일어나는 일들에 대해 긍정적인 생각을
자꾸 하게 되면 뇌가 훈련이 되어서 습관으로 변합니다.
가치관을 향상 하는 것도 향상 시키겠다는 방향을 설정하고
자꾸 생각하면 행동이 바뀌게 됩니다. 자기 혁신을 위해 다 같이 노력 해 봅시다.
목표가 없는 것과 있는 것은 생활 방식에 큰 차이를 나타냅니다.
목표는 명확하고, 가능한 높게 설정하는 것이 달성하겠다는
의지를 불러일으키고 열정을 쏟을 수 있게 만듭니다.
실패를 두려워하여 시작하지도 않는 어리석음을 범하지 말고 도전합시다.
도전한 만큼 발전하는 것입니다.

늙지 않으려고 많은 돈을 투자하는데 그것은 육체에 대한 것들뿐……
과연 우리는 감정이 늙지 않도록 얼마나 노력하고 있나요?
그것도 돈이 하나도 들지 않는 일인데……
요즈음 일본의 on-line, off-line의 모든 서점가에서
베스트셀러 1위로 오르고
각 방송국에서 인터뷰하고 있는
유명한 시인 "시비타 도요"라는 분이 계십니다.
그런데 놀라운 것은 그분의 나이가 99세이며
시를 쓰기 시작한 것은 90세라고 합니다.
소학교를 어렵게 나오고 갖은 힘든 일을 해내면서 세상을 살아 오셨지만
아직 정신적으로는 늙지 않으셨기에
그 동안의 삶에서 느꼈던 일들을 잔잔하게 전해주셔서
많은 사람들의 감동을 이끌어내고 있습니다.
몸은 늙어도 감정은 늙지 않도록
사랑하는 마음과 즐거운 마음으로
웃으며 살아가도록 노력해야 하겠습니다.

살아남기 위해서는 급변하는 주변 환경에 적극 대응하고 변해가야 하죠.
오늘과 같은 내일을 살아가지 않으려면
안락함 보다는 다소의 고통과 어려움이 있다 하더라도
부딪혀 보겠다는 아주 작은 결심 하나가 필요 합니다.
많은 분들이 올해에 그러한 결심을 하신 것들을
현장 방문 할 때마다 보고, 느끼고 있습니다.

생산성과
품질 향상 활동

Chapter 5
생산성과 품질 향상 활동

생산성 향상

포장 공정은 포스코 제품을 생산하는 최종 설비의 뒤에 연결된 설비들입니다.

포스코가 원가 절감과 수익성을 위해 최우선 해야 하는 것은 생산성 향상이며 현재 그 수준은 그동안의 수많은 노력덕분에 세계 최고 수준에 도달 해 있는데 사실 거기에는 후 공정인 포장 설비의 최적화도 한 몫을 하고 있다고 생각합니다.

물론 항상 최고의 수준을 발휘한다고 할 수 없습니다.

모사에서는 모사가 최고의 생산성을 추구하고자 하는데 간혹 포장에서 따라오지 못하는 경우가 있다는 불만을 필자에게 얘기하는데 포장 라인에 근무하는 직원들은 모사의 물량의 흐름을 방해 한 적이 없다고 항변합니다.

양쪽 모두 할 말은 많은데 정확한 데이터없이 감각적으로만 서로의 주장을 제기해 왔던 것입니다.

그때부터 고민하기 시작했습니다. 어떤 지표가 아주 쉬우면서도 양쪽에서 서로 수긍 할 수 있을까?

조금만 관심을 두고 보면 찾아낼 수 있었습니다. 찾아낸 것이 포장설비 입측 대기본수를 관리하는 것이었습니다.

여기에는 전제가 있습니다.

1.모사가 어떠한 작업을 하더라도 포장 설비 입측 대기본수는 기준을 지켜내야 한다.

2.입측 대기본수 표준은 아주 엄격하게 적용하여 최소한으로 운영한다.

활동에 들어가서 11개 설비의 입측 재공량을 조사하고 기준대비 초과량을 관리하기 시작해서 매 근무조마다 작업 전후의 대기본수를 기록 유지하고 증감에 대한 원인 분석을 해 나갔습니다.

우리 회사가 갖고 있는 문제도 많이 있었습니다.

예전에는 보이지 않던 문제점들이 달성해야 할 목표를 설정하니 드러나기 시작했으며, 모사의 문제점은 놔두고 우선 우리 문제점들부터 개선 활동을 시작했습니다.

개선활동을 위해서 라인별 작업 강도를 측정 할 수 있도록 계량화 하고 코일 단위별 포장time을 측정하고 휴지요인을 분석하는 한편 인적요소, 물류적 요소, 설비적 요소, 고객사 요소로 원인을 분류하고 대책을 시행 해 나갔습니다.

인적요소에서는 포지션별 협조체제 기준 정립, 포장재료 정리 기준 정립, 기능 수준별 인원 적정 배치 등 작업관리를 체계화 하고 물류적 요소에서는 물류 흐름을 최적화 하기 위해 포장지 적치대 신규 제작 등 포장재료의 적치 및 운반 등을 최적화 해서 작업원의 동선을 최적화 시키고 설비적 요소는 전 설비의 가동 시간을 측정하여 neck 설비를 선정하여 집중 개선 하였으며, 우리의 문제점이 개선되는 시점에 모사에 개선해야 할 항목을 전달해서 정보 전달 체계 개선하고, 인터페이스 설비들의 문제점을 조사하여 피드백 하는 등 고객사에서 관리가 미흡했던 부분들을 개선되도록 요구해 나갔습니다.

이번 생산성 향상 활동에서 부가적으로 개선된 것은 종전에는 넘어오면 의무적으로 작업하던 형태에서 입측 대기량이 기준을 초과하면 모사에 좀 더 빠른 속도로 코일을 공급 해 주도록 요구하니 모사에서도 반길 수 밖에 없었습니다.

그 이후는 서로 상반된 의견으로 대립되는 경우가 없었으며 모사도 자체적으로 목표를 세워 관리를 하고 있는 것에 격려를 아끼지 않았습니다.

6개월간의 집중 개선 활동을 통해 별도의 투자 없이

- 작업방법, 공정, 물류, 설비개선 등 297건을 개선하여 포장 Cycle Time을 (5분 → 3분) 으로 향상시켜 시간당 포장 능력을 50%이상 상향 시킬 수 있었으며

- 포장설비 종합 효율 향상 (56.1% → 87%) 으로 향상되어 작업장이 보다 안전해 지고 모사로부터의 불만도 크게 개선 할 수 있었습니다.

포장품질 향상

처음에 혁신의 바람이 불 때 우리가 해야 할 일은 궁극적으로 포장 품질이라고 강조 했었습니다. 그러나 품질을 논하기 전에 반드시 짚고 넘어가야 할 것이 있었으니 그건 바로 낭비에 관한 항목이었습니다. 작업장 안에는 시간, 노동력, 물질 등의 수없이 많은 낭비 요소들이 존재합니다. 그 수많은 낭비로 인해 생산성이 떨어지고 있었고, 이것을 개선하지 않으면 품질 향상으로 연결되지도 않는 것입니다. 그리고 우리는 낭비요소들을 하나하나 개선했고 생산성 향상 활동을 통해 구조적이며 복합적인 문제들을 해결했습니다. 그 결과로 혁신의 최종 목표인 품질 향상 활동을 시작할 수 있었습니다. 그리고 현

상황 파악을 통해 우리의 수준을 명확하게 인식하도록 했고, '품질불량 Zero'라는 다소 무리한 품질 목표를 설정해서 향상 활동을 시작했습니다.

활동 전 품질 불량률은 3% 수준이었습니다. 품질 기준에 대한 개념이 부족한 상태에서 작업하고 있었고 불량률을 점검하고 원인 분석을 해보니 작업자의 부주의 혹은 검사 미흡이 가장 큰 원인이란 것도 알았습니다. 게다가 최종 검수는 거의 실시하지 않고 있었으며 검사표준도 미흡하여 전수검사를 하도록 하고 미비한 포장품질 검사 항목도 개선하고, 50여 가지나 되는 표준 항목 중 어느 한 가지라도 미흡하면 불량 처리를 했습니다. 그리고 표준에 대한 교육을 강화하며, 포스코로 부터 품질을 관리하고 지도해 줄 전문가 3명을 영입했습니다. 그들이 모든 라인을 점검하고 부족한 직원들을 교육시켜 나가면서 '품질 준수'라는 분위기가 일어나고 상황이 개선되기 시작했습니다. 처음에는 입고된 전 제품을 자체 조사를 통해 불량률을 산정 하여 개선 해 나갔으며 나중에는 포스코도 포장품질 향상의 필요성을 인식해서 포장 품질을 향상하기 위해 합동으로 상호 문제점들을 개선해 나갔습니다.

"품질은 명예다!"

연세 많으신 분들은 다 아시듯이 수 십 년 전에는 우리나라 제품은 후 공정이 시원치 않아서 물건 전체의 이미지를 나쁘게 하는 경우가 많았습니다. 예를 들어 와이셔츠의 디자인이나 색상, 원단의 우수

함은 돋보였으나 몇 번 입지 않아서 단추가 잘 떨어지는 식이었습니다. 바느질의 마무리가 시원치 않아서 실밥이 풀리는 경우는 또 얼마나 많았습니까. 한 제품이 완벽하게 마무리되기 위해서는 각 부분에서 작업하는 사람들의 의식 수준이 높아야 그만한 제품이 나오는 것인데, 당시의 한국은 '빨리 빨리' 생산에만 치중한 나머지 이런 점까지 돌아볼 겨를이 없었던 것 같습니다. 이제는 품질에 치중하지 않으면 경쟁력이 뒤떨어지는 시대란 것을 절실히 느껴야 한단 뜻입니다.

한편으로 품질 준수를 위해서는 직원들의 마인드 정립도 매우 중요합니다. 제가 예전에 포스코에서 근무할 때 일본의 고객사를 방문한 적이 있었는데, 생산 공정을 관찰하던 중에 재미있는 한 사람을 만났습니다. 꽤 지긋해 보이는 나이의 그는 완성된 제품에 잉크로 마킹 작업을 하며 콧노래를 부르고 있었습니다. 그래서 저는 그에게 다가가서 즐겁게 일하는 이유를 물어보았습니다.

"앞 공정에서 아무리 제품을 잘 만들어도 제가 마킹을 잘못하면 제품 품질에 지대한 영향을 미치지 않겠습니까? 그만큼 중요한 일을 하는 제가 너무도 자랑스럽습니다."

아, 이 얼마나 놀라운 장인 정신 입니까? 그 순간 저는 퍼뜩 섬광이 지나가는 것을 느꼈고, 누가 뭐라 하건 말건 자기가 맡은 일에 자긍심을 갖고 최선을 다하는 이 사람의 자세가 결국은 우수한 제품을 만들고 더 나아가서 회사의 이름을 빛낸다는 것을 깨달았습니다. 가령 와이셔츠 제작 공정 중에 단추를 다는 일은 중요한 일이 아니라고 할 수 도 있습니다. 그러나 그 한 가지가 전체의 품질을 결정 할 수 도 있다고 생각하면 좀 더 신중해지지 않을까요? 그리고 저는 직원들에게 이 점을 많이 강조했습니다.

"아무리 포스코가 훌륭한 제품을 만들어도 포장 상태가 미흡하면 그만큼 가치가 떨어집니다. 그 이유로 포스코의 고객이 감소하면 우리의 작업량도 감소합니다. 그러니 우리의 경쟁사들보다 잘해야 합니다. 자신이 정한 스스로의 기준에 만족한 품질이 나오도록 노력해야 합니다."

그러고 보니 문득 기억나는 것 한 가지가 있습니다. 처음에는 불량률이 3% 였으나 점차 개선되어서 0.01%이하가 되니까 직원들에게 개선 활동을 해도 향상되는 정도가 별로 차이가 보이지 않기에 목표 수치를 ppm 단위로 바꾸면 어떨까 하는 생각이 들었습니다. 0.01%는 100ppm입니다. 그것은 100만개 코일 중에 불량이 100개 있다는 뜻과 같습니다. 이것을 직원들에게 설명하자 그들은 고개를 끄덕였습니다. 0.01%에서는 별로 할 일이 없다고 생각하던 그들은 경각심을 갖고 하나의 불량이라도 줄이기 위해서 노력했습니다. 그리고 이 점을 바탕으로 "월 단위로 품질 불량 zero"라는 꿈에 그리던 실적을 달성하는 라인들이 하나 둘 생겨나기 시작했고 직원들도 자신감을 갖게 됐습니다. 그리고 나중에 포스코에서 꿈에도 그리던 도요타 자동차에 소재를 공급하면서 포스코는 물론 관련사 모두에게 수준 높은 품질 확보를 요구하기 시작 할 때 우리는 이미 높은 경지에

와 있는 상태가 되었습니다.

만약 품질 활동을 하지 않았더라면 포스코로부터 많은 질책과 관리를 받으면서 시간에 쫓기는 일을 했을 것입니다. 하지만 우리 스스로 먼저 시작했기에 시간적 여유를 가질 수 있었고 우리만의 스케줄에 맞춰서 생활 할 수 있었습니다. 회사 생활이 신나고 재미 있으려면 능력이 출중한 것 이상으로 긍정적인 사고방식을 가지고 있어야하며, 남보다 한 발 앞서서 일하려는 마음가짐을 가지고 있어야 한다는 것을 이때 다시 깨달았습니다.

어떤 직원이 회사에 오면 즐겁고 신나는 일이 많다고 했습니다.
그 직원이 그렇게 느끼는 것은 스스로가 다른 직원과 일하는 분위기를
즐겁고 신나게 느끼도록 만들어 주었기 때문에
돌아오는 메아리였다고 생각합니다.
베푼 만큼 받습니다.
또 상대방을 긍정적으로 보면 좋은 점이 많이 부각되어서 돌아옵니다.
생각하고 행동하기 나름입니다. 우리 회사의 전체 분위기가
서로 긍정과 사랑의 바이러스를 전파하는 사람들로 가득 차서
즐겁고 신나는 직장이 되었으면 하는 것이 제 바램이며,
여러분의 적극적인 동참이 그것을 실현시켜 나가는
중요한 전환점이 될 것입니다.

저도 말 한마디의 방향에 따라 상대방에게 기쁨과 슬픔을
줄 수 있다는 것을 알면서도 마음에 깊은 상처를 주는 말들을
무심코 던져 버리는 경우가 많습니다.
수행이 부족한 탓인가 봅니다.
친절한 말을 하는 연습을 자주 하도록 해 봐야겠습니다.
사랑은 주는 것입니다.
어떠한 대가도 바라지 않고, 베푸는 것입니다.
받는 것보다 주는 것의 기쁨을 우리는 봉사 활동에서 체험하고 있습니다.
직장 동료들 간이나 가족과의 사이에도 마찬가지 아닐까요?
젊음과 늙음의 구분은 나이가 아니라 생각의 차이라고 합니다.
나이가 많아도 배움을 지속하고, 어떤 상황에 대처할 때
긍정적이고 도전적인 자세가 되는지,
미리 포기하거나 나는 안 돼 하는 부정적 사고를 갖는지에 따라
달성 할 수 있는 결과의 차이는 매우 큽니다.
항상 젊은 생각으로 도전하고 변화 해 나가도록 합시다.

계획했던 목표를 계속 100% 달성하는 경우가 있다면 그것이 정상일까요?
변화하는 주변 환경에 최대한 적정하게 대응한다고 해도
항상 목표를 달성한다는 것은 목표를 달성 할 수 있을 만큼만

적당하게 설정하기 때문일 것입니다.
좀 더 어려운 목표를 설정해야만 이제까지와는 다른 방법을 찾아내야 할 것이고 도전의 의지와 투지가 샘솟을 것입니다.
어떤 경우는 목표에 미달 될 수도 있고 새로운 방법을 시행하다 보면 실패 할 경우도 있습니다.
그러나 그것이 지금보다 혁신적으로 변할 수 있는 기회를 잡을 수 있는 유일한 방법입니다.
1~2%의 개선에 적응된 조직이 3~5%의 개선은 어렵지만 30%의 혁신은 쉽다고 얘기 하는 것은 발상의 전환 등 새로운 방법을 찾아내기 때문이라고 생각합니다.

삶이 불행해지기 시작하는 것은 다른 것과 비교해서 갖게 되는 열등감으로부터 입니다.
그것도 진정한 경쟁우위가 아닌 단순 비교우위를 가지고 말입니다.

※비교 우위 : 학력, 신체조건, 가정환경 등 겉에 보이는 것
※경쟁 우위 : 본인만이 소유한 특성, 자질, 재능

우리들이 갖고 있는 의식 중에 제일 약한 것이 변화 수용이라고 합니다.
도전해야 할 대상 앞에서 머뭇거리거나 포기하려는 마음을 갖게 되면 부정적이 되고 열정이 없이 추진되니 효과가 좋을 리가 없습니다.
여러분의 생각과 의지의 차이가 즐거움과 두려움을 구분 짓게 됩니다.
즐거운 마음으로 도전 해 나갑시다.
변화와 도전을 즐기는 사람은 많지 않습니다.
그러나 새로운 목표를 설정하면 도전 의식이 싹 틉니다.
도전 하겠다는 사람 앞에 놓인 장애물은 한 갇 헤쳐 나가는 즐거움을 제공하는 역할을 할 뿐입니다.
독수리도 기는 법부터 배우듯이 우선 시작하고 봅시다.
보다 나은 내일을 위해……

당장의 편함과 안락에 젖어 있기보다는
앞으로 3년 후의 자신의 모습과 회사의 발전 방향을 그려보고

그것에 대응하기 위해 나 자신이 무엇을 해야 하는지를
생각 해 보는 시간을 가져 봅시다.

나에게 주어진 여건에 대해 한탄하고 낙심할 시간이 없습니다.
위기를 기회로 삼아 도전 해 나간다면 그것이 우리들 인생의
전환점이 될 것 입니다.

어떤 일을 자신감이 있어서 시작하는 것이 아니고
우선 그 일에 최선을 다 하다 보면 자신감이 생깁니다.
안 하려고 하면 그 이유를 열 가지 정도 내 놓을 수 있으나
반대로 하려고 한다면 그 역시 그 정도의 이유를 내 놓을 수 있습니다
결국은 마음가짐이 중요합니다.
변화를 받아들이고 부딪쳐 나가다 보면 주위의 도움도 받을 수 있고,
그 위에 자신의 노력이 합쳐지다 보면
일에 대한 자신감도 생기고 성공에 이르게 되는 것입니다.

Chapter 6

안전이
최우선이어야 한다

작업표준 100% 달성,
그 거대한 꿈을 향해

"포스코엠텍의 안전 활동은 매우 우수하고 직원들의 의식도 높습니다. 그러니 이제 한발 더 나아가서 작업표준 100% 준수를 달성하면 좋겠습니다."

어느 날 포스코 안전사무국에서 우리 회사로 점검을 나온 직원들이 이런 과찬을 하고 돌아갔습니다. 그들이 남겨둔 작업표준 100% 준수라는 과제 앞에서 우리 직원들은 고민을 하기 시작했습니다. 우리 역시도 그 문제를 부단히 고민해 오던 터여서 그간 결의대회, 워크숍, 수많은 교육을 진행했고 매월 '표준 따로, 행동 따로' 활동을 통해서 현장에서 지켜지지 않는 내용들을 발췌해서 보고報告하던 중이었던 것입니다. 하지만 표준을 100% 준수하는가에 대해서는 솔직히 말하자면 자신이 없었습니다. 그리고 점검단에게 그 방법을 물었을 때도 그들 역시도 대안이 없다고 했고 100% 준수는 그저 꿈이라고 했습니다.

실제로 한국은 매년 산업재해로 2000명 이상이 목숨을 잃는 '세계 최고 산업재해국'이라 합니다. OECD 산업재해 1위 국가, 3시간에 1명꼴로 생기는 사망자, 5분에 1명씩 산업현장에서 사고가 발생한다는 통계는 더 이상 현장 안전 규칙을 간과할 수 없다는 생각이 들게 합니다. 그리고 현장에서 사고가 발생하는 대다수의 원인은 부실한 장비 때문이 아니라 안일하게 작업에 임하기 때문이란 것도 대다수의 통계에서 밝혀졌고, 각종 위험이 도사리는 현장에서 조금이라도 더 안전하게 작업하려면 이제껏 축적된 경험으로 만들어진 작업표준을 지키는 것이 급선무란 사실이 명백해졌습니다.

포스코 엠텍의 지난 10년간의 안전사고 원인을 분석한 결과, 총 발생건수 중 작업표준 미준수로 인한 사고 점유율이 76%입니다. 만약에 작업표준만 지켰더라면 3/4의 안전사고는 방지될 수 있었을 것입니다. 현장의 작업표준 준수는 만족스럽지 않은 것이 사실이며 특별한 대책도 따로 없으며, 환경이 불안정한 상태에서 위험한 작업들이 진행되고 아주 기본적인 표준조차 지키지 않아 중대재해 重大災害로 이어지는 경우도 많습니다. 그러기에 직원들이 최고로 안전한 상태에서 작업하도록 이끌어야 하는 것이 관리자가 현장에서 행해야 할 최우선의 덕목임에도 불구하고 표준 준수율 향상에는 진전이 없었던 것입니다.

이런 깨달음을 통해 이제까지 어쩔 수 없다고 생각하던 '작업표준 준수 100%'라는 명제에 대해 고민하는 계기도 만들어졌습니다. 그리고 지나온 활동들을 돌이켜 보면 지켜야 할 사람들이 중심이 되었던 것이 아니라 관리자 위주의 활동이었다는 생각도 듭니다. 관리자들은 표준 준수를 외치는 활동들을 열심히 다양하게 했으니 직원들이 100% 지키겠지 하는 자기 안위적인 해석만을 갖고 있었던 것입니다. 그래서 저는 냉철하게 분석 해보았습니다.

- 표준 준수가 안 되고 있는 것이 직원만의 문제인가?
- 관리자들에게 남아 있는 역할이 있다면 어떤 것이 있는가?
- 모든 표준에 불합리한 점은 없는가?
- 표준을 준수 할 환경은 충분히 조성되었는가?

표준을 이행 할 수 있도록 환경은 조성되어 있는가?

개선 활동을 시작하기 전에 작업표준에 대한 검토와 확인은 수차례에 걸쳐 시행 해 왔었기 때문에 전체를 재확인 결과 미미한 수준이 개선이 있었습니다.

직원들에게 표준을 준수 할 수 없는 환경에 대한 요구사항을 모두 발췌하게 했습니다. 그리고 환경의 위험성 여부, 작업용 치구의 열악함과 부적함, 안전보호구의 준비 상태 미흡 등 개선 할 것은 없는지 살펴보는 것은 관리자들의 몫이라 생각하고 90건의 항목을 개선했습니다.

비정상 작업능력 향상

안전사고를 분석 해보면 통상적인 작업보다 어쩌다 한 번씩 발생되는 설비 트러블 조치 시 특히 경험이 적은 직원들은 위험에 노출될 수 밖에 없다는 것을 알게 되었습니다. 또 근무 기간이 많은 직원들의 자만심이 원인이 되어 사고가 발생하기도 하는 등, 과거 재해 발생 사례 중 중대재해 80%이상이 비정상 작업 중 발생한다는 것도 알 수 있습니다. 한편 재해발생 이론에서도 재해 발생은 불안전한 행동(88%), 불안전한 상태(10%), 천재지변(2%)이라고 합니다.

그래서 일상적이지 않고 가끔 발생되는 트러블의 유형을 조사하고 대응책의 표준 여부를 확인하고 보완한 후에 직원들이 도상 훈련을 하고 현장에서 실습하도록 했습니다. 발굴 작업 수는 143건이었으며 작업표준 323건을 제·개정하고 1년간 4,829회의 Simulation을 실시해서 전 직원의 대응 능력을 향상 시켰습니다.

작업표준 준수율 100% 도전!

'이제와서 달리 어떻게 해야 작업표준을 모든 직원이 100% 지키려고 노력할까?'

그 무렵 제 고민은 온통 그것 뿐 이었습니다. 그동안 진행 해 왔던 가치관 향상 활동을 보면서, 사람을 변하게 하는 것에는 외부의 힘도 필요하지만 궁극적으로 사람이 변화하기 위해서는 자신 스스로가 변하려는 마음가짐이 있어야 한다는 것을 배웠기 때문입니다. 그러기에 직원들의 마음 변화부터 유도해야 한다는 생각이 들었습니다. 그리고 그것을 기반으로 작업 표준을 들여다보니 방법이 생각났습니다.

"그렇다. 직원 스스로가 자신이 어느 정도 작업표준을 준수하고 있는가를 성찰케 해서 자신의 문제점이 무엇인지, 개선해야 할 대상이 무엇인지 깨닫게 하자."

그리고는 직원 전원에게 작업표준 준수 여부에 대한 자가진단을 실시할 수 있도록 모든 작업 단위에 대해 평가 할 수 있는 평가표를 만들고 준수 여부를 점검 해 보도록 했습니다. 이때는 형식적인 활동이 되지 않기 위해 개인의 data가 조작되지 않고 실질적인 수치를 내 놓을 수 있는 분위기를 만들어 주는 것이 중요합니다. 지금의 수치는 중요하지 않습니다. 중요한 것은 각자가 노력한 6개월, 1년 후의 수치이기에 지금은 모두 사실대로 산출하도록 했습니다.

처음 시작 할 때는 이 같은 노력을 의례적인 활동으로 인식한 사람도 있었고, 장기 근속한 직원들은 자신들이 작업 표준을 잘 지키고 있는데 괜히 회사에서 불필요한 일을 한다고 불만인 경우도 있었습니다. 하지만 자가진단이 끝날 즈음에는 스스로에 대해 많은 반성을 하게 됐고, 또 결과적으로 우리 직원들의 표준 준수율이 개인별로 얼마인지 정확한 data[06]가 산출됐습니다. 더불어서 미未준수원인도 정리할 수 있었습니다. 정확한 data가 나오도록 유도한 결과 준수율이 16%에서 80%로 분포됨으로써 좀 더 사실적인 data가 나온 것 같습니다. 그리고 더욱 중요한 것은 직원들이 이제부터는 작업 표준을 지키기 위해 노력해야겠다고 다짐하는 분위기가 자연스럽게 형성됐다는 사실이었습니다.

'이제 무엇을 개선하면 표준 준수 100%가 되는지 눈에 보인다', '이렇게 표준을 지키지 않는 줄은 몰랐다' 는 등으로 생각이 정리된 것입니다. 그리고 자신의 문제점을 스스로 인식한 직원들은 미 준수 항목이 뚜렷해지자 작업표준을 100% 달성하겠다는 각오를 가벼운 마음으로 갖기 시작했습니다. 또 한편으로는 표준을 지키려고 보니 애초에 표준 자체가 잘못된 부분도 있다고 해서 몇 개 항목의 표준은 바꾸었습니다. 표준 준수 향상 활동을 할 때 현장에 나가면 직원들은 표준 준수율이 낮은 것에 대해 미안해했습니다. 이때는 질책보다는 무엇을 개선 할 것인지에 대해 대화하고, 개선하고자 하는 것에 대해 격려해 주었습니다. 그리고 몇 개월이 지난 후 현장에 나가자 직원들이 먼저 다가와 자신이 무엇을 개선했는지를 자랑스럽게 이야기했습니다. 그때는 크게 칭찬 해 주면서 우리는 남들이 꿈만 꾸고 있던 작업표준 100% 준수라는 그 힘든 미지의 고지高地를 즐거운 분위기에서 오르고 있음을 강조했습니다.

개선활동[07]은 다음의 장표章表에 나와 있듯이 각자가 자가 진단한

- 표준 미준수 유형별 분포결과 습관화
(42%), 숙지미흡(31%), 절차무시(26%)
순으로 나타났으며 표준상이 사례는
발생하지 않는 것으로 나타남

구 분	작업표준 항목	분포
표준상이	- 0건	0%
숙지미흡	950건	31%
습관화	1,292건	42%
절차무시	806건	26%

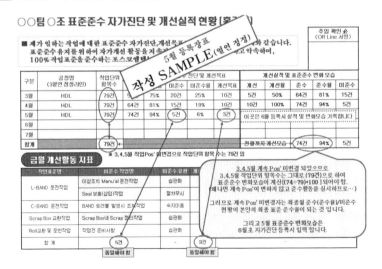

내용에 대해 준수율이 몇 %인지와 이번 달 개선할 항목 등을 회사 시스템에 올려 누구나 볼 수 있게 했고, 한 달이 지난 후에는 지난번 계획의 실행 결과와 다음 달의 개선 항목을 올리도록 했습니다. 관리자들은 개선 항목들을 참고해서 그것을 주제로 관계있는 안전사고 사례를 나누며 개선 의지를 북돋아주었습니다. 개선 활동을 시작한 지 6개월이 지난 후에도 생각과는 달리 100% 달성을 신고하는 직원이 없었습니다. 하지만 직원들을 독촉하기 보다는 스스로 달성했다고 신고할 때 까지 믿고 기다리기로 했습니다. 드디어 9개월이 지난 시점부터 100% 달성했다는 직원이 생기기 시작했고, 10개월에서는 대부분의 직원이 100%를 달성하는 성과를 거두었습니다. 나중에 확인한 바로는 6개월이 지났을 때 100% 달성이 된 사람이 많았으나, 자신 스스로 확인하고 다짐하는 시간이 필요하다고 생각했기에 표현을 하지 않았단 것도 알게 되었습니다. 독촉하지 않고 믿고 기다리길 참 잘했다는 생각이 들었습니다.

작업표준준수 100% 달성! 꿈꿔 왔던 일이 달성되다니 그 감격은 이루 다 말할 수가 없었습니다. 그것도 어떤 강요와 강압에 의해서가 아니고 직원들 스스로 개선해왔다는 것이 한층 더 자랑스러웠습니다. 그 기쁨을 담아, 활동이 종료된 후 향상률이 제일 높은 (준수율이 제일 낮았던) 직원에게 격려의 상을 수여했습니다.

표준준수 자가진단 활동 소감문

냉연 1팀 배철은 처음 자가진단을 시작 할 때는 굳이 이런 형식적인 것을 해야 하는지 의문을 가지고 시작했습니다. 그런데 작업표준 자가진단이 10개월이 지난 지금은 제게 많은 변화가 왔습니다. 그리고 각 POS별 나의 불합리한 작업관행이 이렇게 많은지 미처 몰랐습니다. 그리고 3월 준수율이 60%에서 이제는 98%로 상향되었습니다.

열연 1팀 이기춘 작업표준 낭독 및 교육을 실시하면서 나는 표준을 잘 지키면서 작업을 실시하고 있다고 자부했습니다. 이번에 표준준수 자가진단을 하면서 제대로 하지 못하고 있던 부분들을 발견하고, 직책 보임자로서 표준을 100% 준수 못하면서 작업표준 교육을 실시해 온 것에 미안함을 느꼈습니다.

냉연 1팀 우광현 올 3월부터 시작한 작업표준 자가진단은 제게 많은 변화를 주었습니다. 처음 자가진단표를 작성하고 보니 표준을 지키지 않은 사항이 이렇게 많을 줄 미처 알지 못했습니다.

정비팀 김대진 그 동안 현장 설비 트러블 발생 시 포장라인의 설비 정지 또는 수동 결속시간을 조금이라도 줄이고자, 안전한 작업보다는 보다 더 신속한 정비 작업을 위하여 불안전한 작업의 관행을 하곤 했었습니다. 회사의 적극적인 방침에 의해 주변 동료들이 작업표준 작업을 하는 것을 보면서, 작업 표준을 지키는 것이 보다 더 안전하고 정확한 정비 작업을 하는 것임을 알게 되었습니다. 지금까지 했던 습관이 있어서 몸에 익숙하지 않아 작업표준을 준수하는 것이 시간도 지연되고 어색하기만 하던 것이 이제는 한번 두 번 준수를 하면서 작업을 하다 보니 나의 안전을 지키면서 동료의 불안전한 작업등에 대해서도 지적을 하게 되었습니다. 작업표준 자가진단활동을 통하여 나와 동료 회사의 발전은 물론 가정의 행복도 챙길 수 있어서 아주 뜻깊은 활동이리라 생각합니다.

정비팀 김태성 기존의 작업표준을 면밀히 검토하여 단위 작업으로 분리하면서 제가 직접 작업하는 작업건수는 260가지가 넘었습니다. 또 진단 활동을 통하여 안전을 지키지 못하고 작업을 진행하는 잘못된 작업관행을 발견하여 고치게 되었습니다. 나의 숙련됨만 믿고 위험작업을 하고 있음을 발견하였고 일에만 집중하여 나의 안전뿐만 아니라 동료까지 위험에 빠뜨릴 수 있는 상황을 만들며 작업했다는 것에 부끄러움을 금치 못했습니다. 안전은 불편하다고 생각을 많이 하고 있었는데 정확한 안전장치 설치며 시설은 우리의 불안전한 요소를 제거 해 주는 것임을 다시 한 번 인식하는 계기가 되었습니다. 작업패턴과 플로우가 잘못되면 불필요한 공정으로 더 불안한 작업을 할 수도 있다는 것을 알고 현장에서 교육과 토론으로 안전한 현장 만들기에 최선을 다할 것을 다짐합니다.

정비팀 김현관 작업표준에 충실하기 위해 작업표준서를 참고하면서 작업을 했습니다. 그런데 작업을 하다 보니 표준서와 현장 사정이 서로 맞지 않아서 좀 더 보완해야 할 필요성을 느끼기도 했습니다. 또한 작업설비에 부품들의 정보를 세밀하게 기입할 경우 작업시간도 단축할 수 있으며 안전작업 활동에도 많은 도움이 될 수 있을 거라고 생각하여 제,개정 및 보완활동이 이루어지고 있습니다. 이러한 모든 활동들이 작업표준자가진단을 실천하면서 이룰 수 있었던 좋은 성과라고 생각합니다. 현재 작업표준을 거의 100% 준수하고 있지만 더욱 완벽한 작업을 할 수 있도록 지속적인 작업표준 제, 개정 및 보완활동을 하겠습니다.

정비팀 김승현 지금까지 회사업무를 실시함에 있어서 본인 스스로 '작업표준을 얼마나 준수하고 있느냐'의 문제를 심각하게 생각해 본 적은 사실 없었습니다. 다만 주어진 작업에 따라 작업표준은 참고만 할 뿐 그 동안에 축적된 경험과 노하우로 최선의 작업방법을 택하였습니다. 하지만 올해 초부터 시작된 작업표준자가진단을 하면서 그 동안 체계적인 작업 활동을 하지 못한 것을 반성하게 되었습니다. 저의 경험과 노하우를 바탕으로 작업표준서의 부족한 부분을 제, 개정 하고 있으며 또한 더욱 효율적이고 안전한 작업을 하기 위해 부품의 세밀한 부분과 해당사진을 첨부하는 활동도 하고 있습니다. 더불어 저 근속 사원들에게도 올바른 작업표준교육을 실시하고 있습니다. 이 모든 활동들이 100% 작업표준 자가진단을 실시하면서 얻은 크나큰 성과라고 생각합니다. 앞으로도 회사의 안전 활동에 더욱 앞장서도록 노력하겠습니다.

냉연 3팀 백정배 표준 작업 준수??? 그게 무엇인데… 대충대충 안전사고 없이 작업하면 장땡 아니여! 불안전한 행동, 습관들로 행해진 작업 관행인줄 알면서도 바쁘다는 핑계로… 절차를 무시하며… 안전하지 못한 작업 방법을 해왔던 것 같습니다. 표준 준수 자가진단을 숙지하고 하나하나 개선하면서 얼마나 많은 불안전한 행동, 요소들을 방치 해 놓고 작업하였는지 새삼 느끼게 되었습니다. 표준작업은 어려운 게 아니었습니다. 표준 작업을 하면 할수록 나와 동료의 불안전한 행동들이 줄어드는 것을 알게 되었습니다. 잘못된 작업 관행 및 습관들을 하나하나 개선 해 나가며 안전한 작업이야말로 '인간존중 실현'의 척도라는 사실을 새삼 알게 되었습니다. 지금까지 관행처럼… 습관처럼 행해졌던 모든 것이 표준준수 자가진단을 통해보니 부끄럽고 수치스럽게 느껴집니다. 표준 준수 지킴이 좋아!!!

냉연 3팀 송하규 표준 준수 자가진단 실시 이후 많은 변화가 생겼습니다. 나 하나쯤이야 하는 생각에 잘못된 작업관행을 실시했던 현장 직원들이 자신이 지키지 못했던 미 준수 항목을 꼼꼼히 확인하고 하나씩 제거해 나가는 모습을 보았을 때 많은 의식의 변화가 생겼구나 하고 생각했습니다. 지금은 라인의 선임 역할을 하다 보니 그런 점이 많이 보였습니다. 표준 준수 자가진단을 통하여 매달 준수율과 미준수율을 체크하여, 자신의 부족한 부분을 알고 해당 포지션에서 한번 실수를 두 번하지 않도록 떠올리게 합니다.

  냉연 4팀 김태현 지난 3월부터 작업표준준수 자가진단을 하면서 처음에는 형식적으로 하는 활동이라고 생각하고 관심을 많이 갖지 않았습니다. 사실 현장에서 작업표준서 매뉴얼을 관심 있게 보는 직원이 많지 않았습니다. 제 스스로 자가진단을 하면서 정말 작업절차나 잘못된 습관을 많이 발견하였습니다. 특히나 요즘은 저근속사원이 많아 작업을 가르쳐야 하는데 표준이 없이 자신의 행동 습관을 그대로 알려주거나 배우는 경우가 많았습니다. 하지만 저근속사원이 작업표준준수 자가진단을 작성하기 위해 모르는 설비명칭이나 작동을 매뉴얼을 보면서 스스로 찾고 선배사원에게 배우는 모습을 보았습니다. 저희도 가르치면서 한 번 더 보고 배우는 계기가 되었습니다. 좋은 작업습관은 한 번 몸에 배면 평생 갑니다. 100%까지 향상되었으니 이제는 제 스스로 유지하고, 신 설비 도입 시 적극적으로 대응하고, 작업표준을 준수 하도록 노력하겠습니다.

냉연 4팀 김동옥 회사에서 작업표준 자가 진단 항목을 체크하라는 지시가 전달 되었을때 100%로는 아니더라도 최소한 90%는 나오지 않을까 생각 하였습니다. 그러나 70%를 조금 넘으며 제가 작업하는 과정에서 무심코 하는 행동이 작업표준에 맞지 않고 습관화 되어 아무렇지도 않게 작업 한다는 것에 많이 놀랐습니다. 처음 목표치를 높게 설정하여 개선하고자 하였지만, 생각과는 다르게 성과를 내지 못하여 목표치와 동떨어지는 결과가 나왔습니다. 이에 마음가짐을 다시 하고 개선하기 쉬운 것부터, 수행하기 쉬운 것부터 하나하나 설정하여 매달 개선하고 실천한 결과 7개월이 지나는 시점에서 100%를 바라 볼 수 있었고, 8개월째는 100%를 달성 할 수 있었습니다. 작업표준 자가 진단 체크 결과가 100%로 다가설수록 지적 받은 사례가 줄어들고 포장 불량 사례도 줄어들어 개인적으로 많은 도움이 되었으며, 신입 사원이 무언가 의문점이 있어 질문할 경우 작업표준에 의거해서 안전 및 작업 방법을 설명, 도움을 줄 수 있었습니다.

냉연 4팀 한상석 작업 표준 자가 진단을 통하여 나 자신이 스스로 미처 알지 못했던 부분을 배울 수 있는 기회가 되었고, 한편으로는 나의 잘못된 작업 방법으로 인하여 나와 동료의 안전을 생각하지 않고 작업한 것에 대한 반성의 시간을 가지고 한 번 더 작업 과정에 있어서 무엇이 문제였는지 반성하고 생각할 수 있는 밑거름이 되어 준 것 같습니다.

냉연 4팀 천성구 저는 금년 6월에 회사에 입사하여 선배님들께서 작업표준 자가진단을 실시하는 것을 보았을 때는 보여 주기식이라고 생각했습니다. 하지만 작업표준 자가진단 활동을 통하여 모든 작업을 작업표준에 맞게 실시하는 모습을 보고 자신들의 안전과 동료의 안전은 물론 작업 하는데 표준을 준수하고 표준이 합당하지 않을 경우 이것을 수정하고 보완 하는 모습을 보고, 많은 것을 보고 배울 수 있었습니다. 저와 같은 신입사원들도 작업표준을 숙지하고 이를 이행하여 안전하게 작업을 할 수 있게 노력하겠습니다.

냉연 4팀 김석현 그 동안 수많은 제도를 접하고 이행하는 과정에서 저도 모르게 타성에 젖었습니다. 그리고 "작업표준 자가개선"이라는 단어를 처음 접했을 시 '또 하나 내려 왔구나!'하고 대수롭지 않게 생각했었으며, '마음에 잘 와 닿지도 않고 도대체 내가 스스로 나를 진단하고 개선 할 수 있는가?' 라는 의문이 들어 거부감이 먼저 생겼습니다. '작업하기도 바쁜데' 왜 이렇게 괴롭히는지 모르겠다는 생각이 들어 처음 한 달간은 위에서 시키니 울며 겨자 먹기로 활동에 임했으니 제대로 될 리가 없었습니다. 그러나 자가진단 활동을 한지 2달쯤 되었을 때 크레인으로 보호판 원재 이송 작업을 하던 중 안전거리 미확보로 지적을 받은 후 우연히 수백 개의 자가진단 항목에 저의 행동을 비춰봤더니 불안전 행동을 너무 많이 하고 있는 저 자신을 보게 되었습니다. 처음 저의 행동을 데이터화 해보니 60%의 준수율이 나와 마음에 크나큰 동요가 있었습니다. 다른 것은 몰라도 안전에 대해서는 누구보다 많은 지식 습득과 ILS TFT팀에서의 활동으로 MIND가 많이 향상 되어 있다고 자신하고 있었으나, 그건 저의 오만이고 자만이었던 것이 나타난 것이었습니다. 그리고 스스로 나를 어떻게 진단할까라고 생각 했던 저의 의구심은 한 번에 무너졌습니다. '자신이 자신을 가장 잘 알 수 있다'라는 말이 생각나더군요. 3개월쯤 되었을 때부터 작업표준 자가진단 활동을 표준대로 실시하고 저의 불안전 행동을 뽑아 하나씩 개선해 나가면서 준수율이 (75% → 80% → 85%…….) 조금씩 향상 되고 있는 것이 데이터로 나타나고 있음을 알게 되었습니다. 이로 인해 성취감이 생기게 되어 불안전 행동을 모두 제거하여 준수율을 100%로 만들겠다는 새로운 목표까지 생기게 되었습니다. 또한 그 동안 '작업 표준'이라는 말을 수시로 사용하고 있었으나 정확히 표준이 어떤 것인지 모르고 작업하고 있었던 저의 무지를 깨우치는 계기가 되었습니다. 바쁘다는 핑계로 표준작업을 무시하고 작업 하던 것을 표준대로 작업 해 보니 안전은 물론이고 작업 능률이 더욱 향상되는 것을 체험할 수 있게 되었습니다. 어느 개그 프로그램에서 이런 콩트가 있었죠? '해보지 않았으면 말을 말어'라는… 딱 저를 두고 하는 말이었던 것 같습니다. 금번 작업표준 자가 개선 활동을 통해 앞으로 회사에서 시행하는 모든 제도에 대해 항상 새롭게 받아들이고 긍정적인 마음으로 실행해야 겠다는 MIND가 생겼습니다. '객'이 아닌 '주인'이 되어 안전한 작업장을 만들어가도록 노력하겠으며, 앞으로 지속적인 작업표준 자가 개선 활동을 통해 불안전 요인을 제거 및 개선하여 재해 없는 일터를 만들어 가도록 하겠습니다.

냉연 4팀 오수영 입사하고 옆에 있는 선배들이 작업하는 행동 모습을 보고 따라 하며 선배들이 가르쳐주는 그대로만 따라 하면서 땀 흘리며 바쁘게 움직였던 기억만 있습니다. 올해 초 작업표준 자가진단이 시작 되면서 뭐 그리 많은 변화가 있을까 하며 옆에 있는 선배들이 가르쳐주는 것이 모범이고 정답인 줄 알았습니다. 바쁜 작업 시에 틈틈이 시간을 내어 작업 표준서를 펼치며 미팅을 시작하였을 때 작업도 바쁜 데 이런 것 까지 펼치며 작업행동에 점수를 왜 체크 한다는 거지 하고 생각을 하였습니다. 옆의 선배들의 표정도 다 아는 내용이다 에구 귀찮아 이런 표정이었습니다. 짜증 반 장난 반으로 시작하면서 작업표준서 페이지를 넘기면서 점수를 하나하나 체크해보니 진지해지기 시작하였습니다. 선배들도 '내점수가 이것 밖에 안 돼?', '작업표준에 이런 게 있었어?' 이런 대화가 오가기 시작하였고, 짧은 미팅시간이 끝나고 식사 시간에도 대화와 토론은 이어져갔습니다. 작업 시 서로 바쁜 나머지 대화도 많이 없고 간단한 농담들로만 이어졌던 대화들이 표준 조업에 대한 대화와 토론이 되는 시스템으로 발전하였고, 작업표준에 어긋나는 경우 웃으며 건네는 선후배들이 가르침도 좋았고, 60% ,70%로 변화하는 모습을 체크하며 잘 지키고 이행하고 있구나. 뿌듯한 생각이 들었지만, 작업자가 지키고 준수해야 하는 작업 표준을 지금까지 이렇게 지키지 않고 있었구나 하는 생각도 들어 창피하기도 하였습니다. 조금씩 변화해 왔지만 100%에서는 아주 큰 변화가 되어있었습니다.

열연1팀 오봉균 아침 조회시간에 파트장님이 '작업표준 자가진단 개선 활동'이라는 것을 해야 한다며 설명해주었다. 지금도 많은데 업무가 또 늘었네 라고 속으로 한 숨을 쉬었다. 작업표준은 신입 사원 때부터 해온 일인데…… 선배 사원으로부터 배우고 행하는 일인데, 지금 내가 하고 있는 일이 작업표준 인데 '작업표준 자가진단 개선활동' 이야! 라고 반문도 해봤다. '나는 해보나 마나 100% 준수하고 있어' 라고 자신했다. 또한 신입사원도 아닌데 전 직원 에게 이런 업무를 시키는지 의문과 호기심이 생겼다. 현장 대기실에서 커피 한잔을 마시며 작업표준 교재를 한 장 한 장 넘기며 나의 몸은 굳어가고 있었다. 15년이 넘도록 출근하면 하던 일인데 내가 미처 생각하지도 못했던, 행하지 않았던 작업표준이 이렇게 많은 줄 몰랐기 때문이다. 나는 더 이상 불평불만을 할 수가 없었다. 준수하지 않은 항목이 많았기에 작업표준 준수율이 상승하면서 단지 습관 때문에, 아니면 여건상 문제 때문에, 또는 몰라서 못했던 것들을 한 가지씩 한 가지씩 해결 해 나가는 기분은 무척 좋았다. 안전하게 작업 할 수 있고 후배 사원들에게 자신 있게 설명 할 수 있었기에 직장생활에 또 다른 활력이 생기는 것 같았다. 작업표준을 시행하지 않았다면 내가 알고 있는 것이 최선의 방법이라고 후배들에게 설명하고 행하도록 하여 후배사원의 안전에 문제가 발생 할 수 있었겠다. 는 생각에 놀라움을 감추지 못했다. 지금부터라도 철저히 준수하고 잘못된 표준을 개선하여 선후배 사원 모두의 안전 작업을 위해서 최선을 다 해야겠다.

열연 2팀 이병두 작업표준 준수 자가진단 활동을 하면서 많은 작업자들이 몰랐던 작업표준을 알았을 것이라고 생각합니다. 저 또한 그랬으니까요^^또한 자기 스스로가 작성하여 잘못된 관행을 바꾸려는 노력을 한다는 것이 이 활동을 하면서 참 좋은 개선점이 아니었나 싶습니다. 처음에는 몸에 배어있질 않아 옛 습관들 때문에 표준 준수가 어려웠습니다. 홀로 그 표준을 지켜나가기엔 조금 힘겨웠으나 동료들이 함께 하기에 표준 준수가 더 활동적 이었습니다. 서로 잘못된 습관은 상호지적을 통해 바로 잡아주며, 쉬는 시간을 통해 작업표준 시뮬레이션을 통해 서로 공유하고 문제점을 보안하는 등 참 안전을 최우선으로 하는 활동이었으며, 현장의 작업자들은 안전하고 여유 있는 작업을 시행 하고 있을 정도입니다. 허나 조금 아쉬움이 있다면 바쁜 작업이나 설비 트러블 발생으로 인해서 작업자 스스로가 지키지 못할 때가 종종 있습니다. 이를 개선하기 위해 주임 주관으로 매일 토론을 하곤 합니다. 현재는 혼자 수행하기 힘든 작업은 꼭 2인 1조로 하여 최대한 작업표준에 맞도록 작업을 수행하고 있으며, 또한 신입사원은 철저한 교육과 평가를 통한 표준작업 준수를 정착시키도록 조원 모두가 힘을 합쳐 동참하고 있습니다. 앞으로도 작업표준 준수 100%를 달성하기 위해 모두가 동참하고 노력 할 것이며, 안전사고 없는 공장 무재해로 꽃을 피우는 열연2팀이 되도록 최선의 노력을 다하도록 하겠습니다.

냉연 1팀 최호준 입시한지 일 년이 되었습니다. 입사 후 처음 현장에 왔을 때 선배들이 작업 전 작업표준 책자를 보여주며 작업 시 지켜야 할 규칙이라며 처음 일할 때부터 몸에 익숙해져야 퇴사할 때까지 안전하게 사고 없이 나갈 수 있다고 하였습니다. 선배들도 처음에는 작업표준 없이 일할 때는 찰과상 또는 불안전한 행동이 비일비재 하였는데 지금은 작업표준 자가진단을 활동을 통해 처음에는 조금 불편하고 힘들었지만 지금은 조금씩 지켜나가다 보니 익숙해지고 더욱더 안전하게 일하고 있다고 하였습니다. 저 또한 처음 현장에서 일하면서 내가 어떤 행동이 잘못 되었는가 어떤 게 불안전한 행동인가 잘 몰랐는데 작업표준자가진단을 하면서 각 포지션별 항목들을 하나하나 체크해가며 무엇이 잘못되고 잘되었는가를 확인해보니, 잘못된 행동들에 대해서는 다음에 일할 때 다시 한 번 생각하게 되고 표준준수를 지키려고 노력하게 되었습니다. 사실 어떨 땐 작업표준을 지켜가며 일하기가 조금은 불편하고 힘들 때도 있어서 순간 못 지키게 되는데, 그 후 다시 한 번 생각해보면 조금 더 편하게 조금 더 빠르게 일하려다가 불안전한 행동으로 인해 나와 내 동료가 불안전해 질수도 있었겠구나 하고 생각하니 다음부터는 절대 하지 말아야 겠다고 생각이 들었습니다. 지금까지 작업표준을 잘 지켜나가고 있지만 앞으로도 잘 지켜서 후배에게 떳떳하게 작업표준을 가르쳐 주며 서로가 안전한 행동을 체질화하여 즐겁고 신나게 작업을 할 수 있도록 노력하겠습니다.

열연 2팀 박용을 매일같이 반복 작업을 하면서, 또한 작업 표준서를 매일 보기는 했으나 진정으로 표준작업을 실시하고 있는지 내 자신이 느끼지 못하고 20년을 현장에서 표준 작업인양 해왔습니다. 그런대 표준 준수 자가 진단을 실시한 후 작업표준서 따로, 행동 따로, 작업을 하고 있다는 것을 깨닫게 되었습니다. 표준 준수 자가 진단을 실시한 후 현장 반원들이 습관적으로 몸에 배었던 나쁜 행동들을 안전을 최우선으로 생각하는 마인드로 바뀌는 것을 느낄 수가 있었습니다. 지금은 치 공구 사용을 생활화 하여 줄 걸이 작업 시 치 공구가 없으면 작업을 안 하는 작업 표준 준수로 바뀌었습니다. 저 또한 처음 표준 준수 자가진단을 실시했을 때 많은 의구심과 이런 것을 현장에서 왜 하지? 하면서 마지못해 따라가는 형식적인 출발이었습니다. 그런데 그것이 형식적인 이었던 것이 점차적으로 나도 모르게 의식되면서 습관적으로 했던 행동을 바로 잡을 수 있었습니다. 또 표준작업이 습관화 되어 가고 있는 것을 느낄 수 있었으며 스스로 안전을 지키면서 작업하는 습관으로 바뀌어 있었습니다. 지금껏 몸에 습관화 되어 있었던 행동을 과감하게 바로 잡을 수 있었던 것은 내 스스로가 자가진단을 하면서 나의 행동을 관찰 할 수 있었던 것이 가장 큰 힘이 아니었나 생각 합니다. 오랜 습관으로 몸에 밴 행동을 고치기란 쉬운 일이 아니었지만 불안전한 행동, 관행처럼 되어버린 작업을 표준준수 자가진단을 통하여 스스로가 진단하여 표준작업을 할 수 있도록 한 것이 곧 안전으로 직결된다는 점을 깨닫게 된 것 입니다. 현장에서 표준 따로, 작업 따로가 아니라 작업 표준서와 행동을 일치시켜 재해 없는 일터 행복한 가정을 이루어 나가도록 하겠습니다.

냉연 2팀 정일형 작업표준은 건성으로 보고 일상적인 지시에 따라 작업을 했다. 그리고 그것이 표준작업인줄 알고 후배들에게도 똑같이 가르치며 지금까지 포장 작업을 해왔다. 그것이 잘못된 표준이라고 어느 누가 지적하지 않았고 관행이 되어 마치 표준작업을 하고 있는 것으로 생각 했다. 작업표준 자가진단 준수 활동을 하면서 지금까지 해왔던 작업 방법이 잘못된 것을 인식 했으며 얼마나 많은 잠재위험에 노출되었는가를 배웠다. 사고가 발생되지 않은 것 이 천운이라 생각 한다. 수시로 작업 표준서를 학습하여 나의 잘못된 작업 관행을 스스로 개선하여 표준작업이 습관화 되도록 하고 나 자신과 가정의 행복을 위해 표준작업을 꼭 준수하고 무재해 공장을 만들겠다.

강판팀 염화석 처음 시작할 때는 '작업표준 알고 있는데' 하는 생각만 하고 '알고 있는데' 왜 해야 하는지 의문만 생겼습니다. 한 마디로 작업 표준을 알고는 있지만 내가 작업 표준대로 실천하는지 알지 못했습니다. 처음 진단했을 때 내가 생각하는 작업표준이 잘못 되었다는 말을 듣고 '이건 아닌데' 하는 생각이 들었습니다. 내가 안전을 무엇보다 우선 생각하면서 한다고 해 왔는데 안전하지 않다는 것을 알게 되었을 때 참 암담했습니다. 그래서 저는 작업 표준을 실천하기 위해서 알고 있는 것부터 차근차근 실천하고 모르는 것은 주임님을 통해 그리고 작업표준을 통해서 배웠고 실천했습니다. 이제는 습관적인 실천이 아니라 작업 표준을 통한 안전하고 바른 작업표준 실천을 하고 있다고 생각됩니다. 알고 있는 것부터 완전히 나의 것으로 만든다면 작업표준 100% 실천 날마다 이룰 수 있다 생각됩니다.

강판팀 정철환 자동차의 내, 외장 강재를 가공하는 Laser Cutting M/C작업에 임하면서 표준준수 자가진단 개선활동을 실시하였다. 설비운용과 그에 따른 작업자 행동에 관한 21건의 작업 단위 항목을 발췌 하였다. 발췌된 21개 항목을 4월부터 17항목, 81% 준수율로 시작하여 그 동안 잘못된 작업관행과 서두름 작업을 최대한 근절하며 작업표준에 입각한 작업이 이루어지도록 노력한 결과 금년9월에 100% 표준작업 준수율을 달성하고 지금 현재도 이어지고 있다. 몸에 밴 잘못된 작업 습관을 바꾸는 데는 행동변화와 의식전환의 큰 혁신이 필요한 듯하다. 많은 불편함과 귀찮음이 있었지만 조금씩 표준 작업을 준수하는 버릇으로 바꾸니 나의 안전이 확보되고, 안정적인 설비가동으로 무결점 품질생산에도 성과가 있는 듯 했다.

　강판팀 임제선 3월부터 시행해온 표준 준수 자가진단을 통해 다시 한 번 내 자신을 돌아볼 수 있는 계기가 되었습니다. 표준 준수 자가진단을 시행하기 전에는 작업 시 안전에 대한 지식과 표준작업 사항에 대해 이해 하지 못하고 작업을 하였습니다. 가령 Part change시 금형 교환할 때 안전 조치를 표찰과 시건 장치만 하는 줄 알았는데 표준 준수 자가진단을 통해 표찰과 시건 장치뿐만 아니라 안전 블록 설치와 호스 취외, 취부 시 안전하게 작업하는 방법과 요령 등을 알게 되었습니다. 또한 한 달에 한 번 자신의 목표를 설정하여 이를 지켜나가고 목표를 달성하지 못한 내용에 대해 점검하는 것은 자기반성을 하게 되는 계기가 되었습니다. 그리고 표준작업에 대한 습관화와 숙지를 통하여 자신에게 부족하고 잘못하고 있는 유형에 대해 알게 되어 좋았습니다. 이처럼 표준준수 자가진단을 통해 안전을 최우선으로 하여 자기 자신에 대한 안전을 스스로 지켜나가게 될 것이고 더 나아가 같이 일하는 동료들에게도 안전을 지키게 하는 계기가 되리라 생각합니다. 향후에는 표준 준수 자가진단 실천이 핵심 가치관 실천과 일맥상통한다는 목표로, 지금보다 더 발전되고 안전한 작업이 이루어지는 포스코 엠텍인이 되겠습니다.

강판팀 경재철 입사해서부터 항상 머릿속에 떠오르는 것은 안전 이었습니다. 하지만 실질적으로 잘 지켜지지는 않았습니다. 불안전한 행동으로 자칫 잘못하면 사고가 날 수 있는 경우도 여러 차례 있었었습니다. 7개월 전 표준 준수 자기진단이라는 시스템을 도입하고 새로운 변화가 왔습니다. 우선, 습관이 변했습니다. 지금 하고 있는 방법이 가장 안전하다고 생각하여 그 방법에만 의존하고 가장 빠르고 안전한 방법이라는 생각을 가지고 있었습니다. 표준 준수 자기진단을 통해 기존의 방법이 문제점이 많고 나의 잘못된 행동으로 대형사고로도 번질 수 있었음을 많이 깨닫게 되었습니다. 그 다음으로, 일하는 방식이 변했습니다. 시간에 쫓기고 바쁘다보니 작업표준을 이행하지 않았던 경우가 많았습니다. 일하는 방식의 변화를 생각하지 않았고 오래된 작업방법에만 기대었던 것입니다. 이처럼 표준 준수 자가진단으로 처음에는 정말 이걸 왜 해야 하나 주관적인 생각으로 게을리한 적도 있었습니다. 하지만 지속적인 주임 파트장의 관심으로 표준준수 자가진단에 맞춰서 작업에 임하게 됐고, 지금 현 상황에서는 안전, 습관, 일하는 방식의 변화가 엄청나게 발전했음을 느낄 수 있습니다.

위 소감문들을 통해 '표준標準'이 귀찮은 것이 아니고 가장 안전하고 빠르게 작업하는 것이라는 긍정적인 생각이 형성된 것을 알 수 있다. 또 직원들이 표준 준수를 위해 작업표준서를 정독하고 이에 대해 직원 간의 토론이 자연스럽게 이루어지면서 업무능력 또한 배가^{倍加} 되어, 작업품질과 생산성이 향상된 것을 볼 수 있다.

활동이 종료되고 주변 회사들이 벤치마킹 와서 활동 방법을 가져 갔으나 모든 회사들이 성공하지는 못했다. 그 이유는 자가진단 시 분위기가 형성되지 못해 허수가 나와서 실질적인 활동이 어려웠던 것, 직원들을 믿고 기다려야 하는데 매월 향상율을 경쟁시켜서 관리하니 또 허수가 나와서 100% 달성은 했으나 실제는 아닌 공연한 헛수고만 한 결과가 되었기 때문이다. 배경을 담지 못하면 활동의 목적을 달성할 수 없는 것이다.

결국 어떤 목표를 이루기 위해서는 마음가짐이 우선 정비가 되어야 하는 것이다. 목표에만 매진한다고 해서 절대 도달할 수는 없는 것이다. 그 목표에 도달하기 위한 심리적, 환경적 분위기 조성이 우선이어야 하는 것이다. 도요타에서 경쟁사에게 혁신의 현장을 공개해서 견학시켜 주는 것도 그 같은 맥락이라 한다. 경쟁사에게 노하우를 다 알려주다니 손해가 아닌가 생각하기 쉽지만 도요타 측은 이렇게 이야기 한다. 자신들은 매일 개선되고 바뀌므로 '오늘'은 곧 과거가 되기에 문제가 되지 않는다는 것이다. 그리고 그들의 문화(정신)를 가져가지 못하면 아무리 좋은 방법도 현장 적용이 쉽지 않다는 것이다.

기타 안전활동

※다음의 내용은 일반적인 안전 활동들의 일부를 소개 한 것이며 더 많은 자료와 내용은 블로그를 참조 해 주세요. blog.naver.com/pos1104

Near Miss 와 TBM

• Near Miss

1. 활동목적

이 업무기준은 작업 중 체험한 '앗차사고' 사례 또는 예상되는 각종 잠재위험 요인을 발굴해서 사전에 미비점을 개선함으로써 현장재해 발생원을 근본적으로 제거 하는데 있다.

2. 용어의 정의

2.1.   Near Miss ('앗차사고' 및 요양 4일 미만 사고)

작업 중 작업자 자신 또는 동료의 불안전한 행동 및 불안전한 상태(설비, 기계 기구)로 인해서 사고가 일어날 뻔 했거나, 요양 4일 이내의 경미한 불·휴업 재해를 말한다.

2.2   잠재위험 (잠재한 예상위험)

작업 현장에서 불안전한 행동, 불안전한 상태(설비, 기계 기구), 작업방법에 있어 예상되는 위험을 말한다.

3. 니어미스(잠재위험) 관리의 중요성

3.1   H.W 하인리히(미국, 안전학자)의 이론

300건의 '앗차사고'가 발생하면 29건의 경상재해가 발생되고, 1건의 중대재해로 연결된다는 이론. 최초로 '앗차사고' 관리의 중요성을 보험사고 분석을 통해 입증(1931년 발표).

3.2   프랭크버드(노르웨이 DNV)의 이론

약 175만 건의 재해를 분석한 결과 '앗차사고' 600건은 대물사고 30건, 경상재해 10건을 유발하고, 1건의 중대재해로 이어진다는 연구결과.

→ 손실관리(Loss Control) 및 앗차사고 관리의 중요성을 입증한 최신 이론 (1969년 발표)

4. NEAR MISS 및 잠재위험 발굴/개선 운영 절차

4.1 세부절차

4.1.1 모든 직원은 작업 중 '앗차사고'를 경험 했거나, 재해 및 사고가 예상되는 경우의 니어미스 Near Miss사례 및 잠재위험 발굴보고서를 작성해서 직상 감독자에게 제출(부표 1. Near Miss 발생사례 보고 양식)하고 발생 5일 이내 경험자가 직접 등록한다.

4.1.2 검토자(직상 감독자) 또는 결재자는 보고 및 등록된 니어미스 및 잠재위험에 대해서 개선대책 수립(5일 이내) 이행 및 진행 관리(20일 이내), 부서 내 전파 교육(검증 완료 후 10일 이내)을 실시하여야 한다.

4.1.3 본 제도의 활성화를 위해서 체험자(발견자)를 비난 하거나 질책하는 것은 절대 금지한다.

4.1.4 본 제도의 보고서 및 개선조치 결과는 부서별로 별도의 문서철로 보관하여야 하며, 전 직원이 상시 공유 할 수 있도록 한다.

4.1.5 검토자 및 결재자는 잠재위험 발굴 보고서에서 도출된 대책 이행결과를 체험자(발견자)에게 통보하여야 한다.

4.1.6 안전주관부서는 개선대책 및 실행에 대한 정합성을 개선 후 5일 이내에 검증하여 결과를 통보하여야 한다.

4.1.7 현장부서 담당자는 A~B급 사례는 반드시 안전주관부서로

통보하여야 하며, 안전주관부서는 그 내용을 선별하여 관련 부서 또는 전 부서에 전파, 동종 유사재해예방을 위한 교육 자료로 활용 할 수 있도록 한다.

4.1.8   Near Miss 발생 사례에 대해서는 위험성 평가에 반영한다.

TBM 활동 Tool Box Meeting

1.TBM활동 개요

1.1   TBM은 무재해 직장 실현을 위한 전사적인 안전 활동의 한 기법으로, 작업단위의 소집단이 자주적으로 위험을 예방하여, 작업에 참여한 전원이 안전을 성취하는 활동을 말한다.

1.2   툴박스미팅은 영어 단어 그대로 Tool Box(공구상자)를 앞에 놓고 작업원들이 모여서 반(조)장을 중심으로 해당 작업의 내용과 안전에 대해서 서로 확인을 하고 의논을 나누기 때문에 툴박스미팅이라고 불린다.

2.활동 절차 및 방법

2.1   활동절차 (작업 단위 단수 시)

2.1.1   이러한 안전 활동 모임은 반드시 작업을 착수하기 전에 5~10분 정도 할애해서 가져야 하며, 때로는 작업이 끝난 후에도 필요하다.

2.1.2   3~5인이 서로 이야기할 수 있는 정도로 때와 장소를 가리

지 않고 작은 원으로 모여서 짧은 시간 내에 끝내면 된다.

2.1.3 작업 단위가 소집단(반 또는 조) 단독으로 이루어 질 때는 자체적으로 행하는데, 반(조)장은 그 작업에 대해서 어떤 순서로 진행하며 또 어떤 위험이 따른다는 것을 잘 알고 있어야 하고, 작업원들에게 충분히 설명을 하고 각자가 가지고 있는 의견을 듣고 서로 올바르게 인식할 수 있는 작업 절차와 방법을 약속한다.

2.2 활동절차 (작업 단위 복수 시)

2.2.1 조업과 정비와 외주업체가 서로 관련이 있다면 사전에 TBM을 가질 시간과 장소를 미리 정하고, 그 시간에 맞추어 3자의 담당자와 작업자들이 모여 해당 작업시간의 조업 상황과 작업여건 등을 설명한다.

2.2.2 정비 측에서는 작업을 하기 위해서 조치할 준비 사항과 설비의 위험요인 또 반드시 준수해야 할 안전수칙 등을 설명한다.

2.2.3 외주업체는 누가 어떤 작업을 위해 어디에 들어가고 그 작업이 어느 정도 걸리는지 그리고 작업 중에 어떤 유틸리티를 사용할 테니 준비해달라든지 하는 요구사항을 이야기 한다.

2.2.4 작업 단위 복수 이상 시는 타임차트로 된 시간표를 만들어 미팅을 갖는 것이 서로가 편리하고 확실하다.

2.3   활동 방법 (5단계)

- 도입 단계 : 인사

- 점검 단계 : 건강, 복장, 보호구, 자재, 수공구 장비

- 작업지시 단계 : 작업내용과 각자의 임무지시 및 상호 연
락사항 확인

- 위험예측 단계 : 당일작업의 위험예측 예지훈련

- 확인 단계 : Team 목표 확인(가장 큰 위험요소에 대해
확인해야 할 사항)을 "Touch And Call"로
복창한다.

3. 활동결과 기록 및 관리

3.1   TBM 활동 결과 작성은 양식(붙임)의 의거 실시한다.

3.2   TBM 활동 실적 관리는 별도 보관 철에 보관, 관리한다.

3.2.   1개월 : 일반적인 기계, 전기, 고소작업 (기간 경과 시 폐기)

3.2.2   1년 : 가스중독, 산소결핍, 유독물 취급 작업, 위험개소 화
기취급 작업

우리는 안전한가?

독자 여러분, 어떻습니까? 우리 주위에는 불안하고 두려운 것 투성이 인데 우리가 너무 안일하게 살아온 것 같지 않습니까? 굳이 작업장이 아니더라도 가정에서건 어디서건 안전에 대한 관심은 매우 중요한 문제가 되었습니다. 더구나 이제 안전 경영은 대다수 기업이 매우 적극적으로 관심 가지는 현안이 됐고, 안전 소홀로 인명 사고가 나도 숨기기 바빴던 과거와 달리 기업 총수들이 현장을 직접 방문해 안전을 강조하는 시대가 된 것입니다. 그야말로 안전 경영이 기업 경영에서 매우 중요한 위치를 차지하게 된 것입니다.

'세계에서 가장 안전한 직장'으로 꼽히는 미국 화학회사 듀폰의 안전 경영은 안전벨트를 매지 않고 운전한 것이 적발되면 퇴사 조치하는 것으로 유명합니다. 모든 문은 충돌사고가 나지 않게 안쪽으로 잡아당기게 되어있는 이 회사는 몇 번의 공장 폭발사고를 경험한 후로 이 같은 안전장치에 신경을 쓰게 되었다고 합니다. 그리고 이점은 최고경영진의 강력한 의지와 직원들의 안전에 대한 공감대가 맞물려 형성된 듀폰의 핵심가치이자 기업 문화가 됐다고 합니다. 태국에 있는 도요타 공장을 방문했을 때도 저는 비슷한 상황을 보았습니다. 프레스기에서 손 협착 사고가 자주 발생하자 기계를 하강시키는 작업 단추 두 개를 작업자 뒤편에 배치시켜서 하강 작업은 뒷짐을 지는 형태로 단추를 누를 수밖에 없도록 해놓았더군요. 그러니 기계가 하강하는 중에는 절대로 손을 넣을 수 없는 구조가 된 것입니다.

최근에 발생한 세월호 사고도 안전 불감증이 만들어낸 우리 사회의 문제점을 잘 보여주고 있습니다. 이제까지 성장, 발전, 효율 위주의 사고思考로 안전 부분을 소홀히 대처 해 왔다는 것에 모두 반성해야 하고, 아직도 생산을 우선시 하거나 편의 위주로 안전시설물을 설치하지 않아 발생하는 안전사고가 부지기수란 것을 잊어선 안 될 것입니다. 우리 모두 자신의 위치에서 안전을 최우선으로 해서 개선해 나가야 할 것은 무엇인지 성찰 해 봐야 할 시점입니다.

훌륭한 지도자는 언제나 경청하는 사람입니다.
우리에게 두 귀와 한 입이 있는 것은 우리가 말하는 것의
두 배 만큼 들으라는 것이라 합니다. 잘 듣는다는 것이 쉽지는 않습니다.
그리고 듣는 방식에는 네 가지 기본 형태가 있다고 합니다.

1. 판단하며 듣는 사람

이런 부류의 사람은 미리 자신의 마음을 정해 놓고 진실을 받아들이려고 하지
않습니다. 비평적이고, 부정적이며 선입견에 사로잡혀있습니다. 17%의 인구
가 이런 부류에 속합니다.

2. 질문하며 듣는 사람

이런 부류의 사람은 경청하는 것은 상대방에게 계속해서 많은 질문을 던집니
다. 그에게 있어서 질문은 대화에서 중요하지만 곧 쓸모없어집니다. 26%사람
이 이런 방식으로 접근합니다.

3. 조언 하며 듣는 사람

더 많은 수(35%)의 사람들이 이 부류에 속합니다. 이 부류에 속하는 사람들
은 신속한 평가를 내릴 만큼 충분히 듣고 나면 상대방이 원하지도 필요로 하지
도 않는 조언을 상대방과는 상관없이 전합니다. 이런 방식으로 접근해갈 때 생
기는 문제점은 무슨 조언을 할 것인지를 생각하느라 너무 바쁜 나머지 실제로는
상대방의 말을 듣지 않는 점에 있습니다. 말 하는 자가 상대방의 말 전부를 듣
는 것이 아닌 상황입니다.

4. 감정 이입을 하며 듣는 사람

22%의 사람들이 사용하는 접근법이지만 가장 효과적인 방법입니다. 상대방이
이야기하는 내용뿐만 아니라 그 사람의 기분까지도 알아내기 위해 듣는 것입니
다. 이런 유형의 사람은 말하는 사람의 음색이나 얼굴 표정, 제스처와 같은 비
언어적인 표현에도 주의를 기울입니다.
일방적인 의견제시나 지시를 하고 소통되었다라고 생각했던 것을 반성 해 봅니다.
상대방이 이해 할 때까지 설명하고 상대방의 의견을 존중하고
마음으로 받아들이도록 노력 하겠습니다.
소통은 마음이 통해야 한다는 것을 다시 한 번 다짐 해 봅니다.

통즉불통通不痛 **불통즉통**不通痛
통하면 아프지 않고, 통하지 못하면 아프다
허준의 동의보감에 나오는 얘기입니다.
우리 신체의 순환계 어디에도 막힘이 없으면 병이 없듯이
모든 병의 근원은 기나 혈의 막힘에서 비롯된다는 말 입니다.
막힘으로써 오는 고통은 신체에만 있는 것이 아니고 사람들 사이에도
있기 때문에 소통을 위해 서로가 노력해야 합니다.

상대방에게 한두 번 말한 것과 상대방이 이해하는 것은 별개입니다.
상대가 완전히 공감하고 이해할 때까지 열 번은 얘기해야 한다고 합니다.
더욱 좋은 것은 같이 참여하여 장애를 극복하고 성공체험을 누리는 것입니다.
우리 다 같이 가기 위해서 주변의 동료들을
배려 해 주는 마음을 갖도록 노력하는 것이 어떨까요?

직장이나 가정에서 상대방과 소통이 되지 않아 스트레스를 받는다면
어찌해야 하나요? 스트레스를 받는 사람은 받기만 하나요?
남에게 스트레스를 주지는 않나요?
자기성찰을 통해서 개선해야 할 점을 찾아봅시다.

남을 탓하고 남이 변하기를 바라면 마음의 병이 깊어질 뿐
개선되는 사항은 없습니다. 남을 탓하지 말고 내가 먼저 변하면
손해라고 생각될지 모르지만 모든 것을 내 탓으로 돌리면 마음이 편해집니다.
또 개선 할 수 있는 방법이 생깁니다.

리더로서 머물렀던 자리가 아름답기 위해서
목적 달성이나 자기만의 욕심만족을 위한 비합리적인 행동보다는
상대방의 성공을 위해서 무엇을 해야 하는지 생각해 봅시다.
가정에서도 마찬가지입니다. 한번 나가면 주워 담을 수 없는 것이 말입니다.
험한 말의 결과는 결국 자기에게 돌아옵니다. 험한 말을 하고 후회하기보다는
무척 화가 났을 때 5초만 참았다가 말을 하도록 노력해야 하겠습니다.
우리나라 역사상 가장 큰 영역을 확보했던

고구려의 광개토대왕이 가졌던 가장 큰 덕목은 진취와 포용이었습니다.
그래서 수많은 민족들을 끌어안고 오랫동안 제국을 유지 할 수 있었습니다.
좀 더 넓게, 멀리 보고 서로 다름을 인정해 나가도록 합시다.
다른 사람에게 관심을 갖고 다름을 인정하며 이해하고 공감하려는 노력.
직장에서나 가정에서나 나에게 그렇게 해주도록 바라지만 말고
내가 먼저 실행해 봅시다. 내 마음의 평안함을 얻을 수 있다면
그것은 결코 손해 보는 일이 아니라고 생각합니다.

교만은 인간관계의 뺄셈법칙이고
겸손은 인간관계의 덧셈법칙입니다.

말이 씨가 되고 그 말 그대로 열매가 되어
미래의 운명을 결정한다고 한다면
말을 하기 전에 한번쯤 생각 해 봐야 하겠습니다.
남을 헐뜯고, 비방하고, 모함하는 등 남에게 상처를 주는 말 보다
칭찬과 격려가 담긴 따뜻한 말을 많이 하도록 노력해야겠습니다.
람들에게는 많이 사용을 하면서도
가장 가까운 사람에게는 서먹하기도 하고,
당연하다고 여기거나 꼭 얘기 하지 않아도
알 것이라고 생각하고 표현을 하지 않는 경우가 많습니다.
고맙습니다, 수고하셨습니다. ……
가까운 가족과 동료에게 말 합시다.
당신의 배려와 수고가 나를 행복하게 해줘서 고맙다고…
당신이 있어 얼마나 좋은지 모른다고….
당신은 정말 나에게는 아주 특별한 사람이 라고…

일방적인 의견제시나 지시를 하고 소통되었다라고
생각했던 것을 반성 해 봅니다.
상대방이 이해 할 때까지 설명하고 상대방의 의견을 존중하고
마음으로 받아들이도록 노력 하겠습니다.
소통은 마음이 통해야 한다는 것을 다시 한 번 다짐 해 봅니다.

Chapter 7

Second life를 위하여

코칭

저는 요즘 몇몇 회사에 코칭을 하고 있습니다. 한국에서는 아직은 생소한 직업인 기업 코치로 활동 하다보니 주위에서 많은 질문을 받고는 하는데, 독자 여러분들도 궁금하실 터이니 상세하게 설명을 해 드리고 싶습니다. 일단은 코칭이 무엇인지부터 설명을 하는 것이 좋겠군요.

Coach는 말이 끄는 사륜마차를 의미하는 단어에서 왔습니다. '고객을 지금 있는 곳에서 원하는 목적지까지 원하는 속도와 경로로 이동 한다' 는 의미에서, 고객의 현재 상태에서 목표 상태에 도착되도록 함께하는 보다 개인화된 서비스의 의미로 Coaching을 이해하시면

되겠습니다. 이것은 정해진 선로를 따라서 집단적으로 동일 목적까지 이동한다는 뜻의 Training(훈련)과는 분명히 차이가 있습니다.

코칭의 정의를 국제코치연맹ICF은 다음과 같이 정의하고 있습니다. '고객의 개인적, 전문적 가능성을 극대화시키기 위해 영감을 불어넣고 사고를 자극하는 창의적인 프로세스 안에서 고객과 파트너 관계를 맺는 것'. 한편 한국코치협회KCA는 '개인과 조직의 잠재력을 극대화해서 최상의 가치를 실현 할 수 있도록 돕는 수평적 파트너십'이라고 했습니다. 한마디로 코칭이란 상대방의 문제를 발견하고 그가 잠재력을 최대한 발휘해서 스스로 해결 할 수 있도록 도와주는 동반자 관계를 뜻합니다. 그리고 여기서 코칭 철학을 엿볼수 있습니다.모든 사람은 온전하고Hoiistic, 해답을 내부에 가지고 있고Resourceful, '창의적인Creative 존재'라는 것이지요. 즉 코치에게는 자신을 찾아온 고객이 이 우주 안에서 유일한 존재이며 인성, 품성을 포함해 전체적으로 온전한 인간이며, 또 고객은 해답을 스스로 내부에 갖고 있기에 해결 할 수 있는 무한한 가능성을 가진 존재라고 보는 것입니다.

천재라고 일컬어지는 아인슈타인은 그의 잠재능력 중 15%만을 사용하고 죽었다고 합니다. 더욱이 대다수의 사람이 평생 잠재능력의 7~8%만 활용하면서도 그것을 자신의 최대한 능력으로 알고 생을 마친다고 합니다. 그리고 코칭은 이러한 인간 각자에게 그가 가진 최고 능력치를 끌어내 주는 역할을 합니다. 1975년 테니스 코치인 티모시 골웨이는 '테니스 이너게임'에서 이렇게 말했습니다. 기술적이고 상세한 지도보다는 고객이 자신의 내면적 정신 작용에 집중하도록 도울 때 가장 쉽게 테니스를 배울 수 있었다고요. 한편 존 휘트모어는 1996년 '성과를 위한 코칭'을 저술해서 확대 발전시키기도 했습니다. 이처럼 코치는 고객의 이야기를 경청하고, 적절한 질문을 통해 고객의 시야를 넓혀주고 사고의 폭을 확대해 주어서 문제의 더 근본적인 원인을 찾아 가도록 도와줍니다.

한국사회에서는 코칭이 아직 생소합니다만 선진국에서는 그 영역이 매우 다양합니다. 그 중 가장 대표적인 것이 비즈니스 코칭Business Coaching입니다. 회사운영, 리더십 향상, 수익률 개선 등 비즈니스 이슈에 초점을 맞춘 이것은 오늘날 가장 수요가 많은 영역입니다. 또 하나 대표적인 것으로서 라이프 코칭Life Coaching은 삶에서 일어나는 여러 가지 이슈issue들을 다룹니다. 한 마디로 삶의 균형과 만족감 향상, 인간관계 개선, 인생의 의미와 목적을 찾도록 도와주는 것입니다. 그 외에도 CEO 코칭, 가족코칭, 커리어코칭, 데이트코칭 등 무궁무진한 분야가 있고 그 영역이 발전해감에 따라서 보다 세분화될 수 있습니다.

그런데 코칭을 한다고 해서 모든 문제가 다 해결된다고 생각해선 곤란합니다. 의식을 전환하고 체계적인 실행을 하는 것은 고객의 몫이기 때문이지요. 예를 들어 기업 코칭의 경우는 직원들이 일을 하면서 느끼는 문제점에 대해 코치가 세심히 듣고 그 해결방향을 같이 고민해서 해당 회사의 구성원들이 조직과 한 방향으로 정렬되도록 해

줍니다. 이때 직원들과 CEO의 노력이 반드시 뒷받침 되지 않으면 코칭은 그저 말로만 끝나버리는 것이지요. 그러기에 CEO와 직원들은 코칭의 본 의미를 잘 이해한 후 그간의 일방적인 지시나 명령 하달 식의 업무 방식을 버리고 경청하고 적절하게 질문하며 지원해주는 스타일로 조직을 바꾸고, 그 결과로 기업에 최대 성과를 가져다주는 핵심 인재를 보유하고 육성하는 것이 최대 목표란 것을 인식해야 합니다. 게다가 코칭을 통해서 조직 내 인간관계를 개선하고 신뢰 문화를 구축하는데도 공헌하게 되는 것이고, 상호 존중의 문화가 구축됨으로써 구성원들이 자기 의견을 더욱 자유롭게 표현할 수 있습니다. 이것은 조직의 창조성과도 연결되기에 막대한 성과를 내기도 합니다.

제가 전문코치가 되기 위해서 공부하는 동안 마음에 새긴 것이 있습니다. 코칭에 대한 역량을 기르는 것으로만 끝내지 말고 인간에 대한 진실한 애정과 믿음을 함께 공부해서 공부하는 내내 제 마음까지도 풍요롭게 해보자는 것이었습니다. 회사를 퇴직한 후 본격적으로 코칭 관련 세미나, 교육 등에 참석하면서 다양한 사람들을 만났고, 다양한 직업과 성격과 인생 이력을 가진 그들 속에서 새로운 것도 알아가고 때론 가르쳐주기도 했습니다. 다니던 직장을 그만두고 코칭이라는 비교적 생소한 분야에 뛰어드는 젊은이들, 퇴직 후 새로운 직업을 모색하는 노년층 등 다양한 연령대와 이유를 가진 그들은 조금쯤은 낯선 이 직업에 뛰어든 선구자라는 인식과 함께 어느 정도는 막연한 불안감과 기대감을 동시에 가지고서 공부를 하고 있었습니다.

이제 사회는 지난 시대와 다르게 흘러가고 있고 '생애生涯직장'이라는 개념이 없어진 지도 한참 되었습니다. 물론 그것이 근로자들에게는 매우 불안한 현상이지만 한편으로는 자신에게 꼭 맞는 직업을 선택해서 온 열정으로 자신만의 인생을 일궈보려는 사람에게는 오히려 기회의 장場을 만들어 주기도 합니다. 그런 의미로 보자면 이 시대는 생生에 대한 계획을 요구하는 시대란 의미도 될 것이며, 그저 과거의 선배들이 거쳐 갔던 대로 사는 것은 큰 의미가 없다는 뜻도 될 것입니다. 그렇습니다. 그간에 발에 족쇄인 듯이 묶어놓던 '생애 직장'이란 개념이 없어진 대신에 우리는 생애 계획을 스스로 만들라는 숙제를 부여받은 것입니다. 그리고 저는 제 인생을 계획하면서 타인들에게도 그 기쁨을 같이 누리게 해 주는 중입니다.

현재 한국에서 코칭 전문가로 활동하는 사람은 천 오 백 명 정도입니다. 그들 대다수가 라이프 코칭, 비즈니스 코칭에 종사하고 있습니다.

저는 제2의 인생을 고민하던 중에 코칭을 접했습니다. 당시에 제가 갖고 있던 강력한 리더십 형태에 많은 회의를 갖고 있었고 그것을 극복하기 위한 다른 방법이 없는가 찾던 중에 '코칭'이란 개념도 알게 되었던 것입니다. 그리고 이것이야말로 복잡한 현재를 살아가는 우리에게 꼭 필요한 것이라는 생각이 들어서 입문하게 되었고, 이 분야를 공부하면서 향후 좀 더 많은 사람에게 코칭 문화를 전파하고 행복한 마음으로 변화와 성장을 이어나갈 수 있도록 하는 것이 제 사명이고 향후에 제가 가야 할 길이라고 생각했습니다.

그렇게 해서 전문가에게 코칭을 받기도 하고 기초, 심화 교육을 받은 이후 약 2년간 직장 내에서 13명의 팀장들을 월1회 만나면서 코칭적 대화를 진행했습니다. 당시에는 경험이 부족했던 탓에 코칭식 스타일을 잠시 잊고 그간에 옳다고 여겼던 경청 자세가 다시 나오기도 했습니다. 하지만 최대한으로 코칭 대화를 하도록 노력하고 저의 부족한 점을 체크해 가며 기량을 다져나갔습니다. 회사 내의 팀장 전원에게도 1박2일 코스의 코칭 교육을 받게 했고, 감독자 전원은 4조로 나뉘어서 8시간 과정의 교육을 받으며 코칭의 영역에 입문 할 수 있도록 돕기도 했습니다. 향후에 직원들과의 대화를 코칭적 대화법으로 진행하도록 제시하며 리더의 역할에 대해 새롭게 생각하게 하는 등 회사 내에 코칭 문화를 도입하려고도 노력했습니다.

이후에 코칭 문화가 완전히 뿌리내리는 걸 못 본 상태로 퇴직한 것이 못내 아쉬움으로 남아있습니다. 지난 시절에 함께 코칭하던 것을 떠올리며 포스코엠텍의 팀 리더나 현장의 관리자들께서 지속적으로 코칭적 대화를 시도해 주었으면 합니다.

나의 의견을 상대방에게 설득하려고 노력하기보다
내가 먼저 귀를 열어서 잘 들어주는 것이
상호간의 소통을 원활하게 한다는 것을 알면서도 실행이 잘 안됩니다.
저도 열심히, 마음을 다해 귀담아들으려고 노력하겠습니다.

나는 지금 주위를 따뜻하게 하는 향기를 뿜어내고 있나요?
아니면 나로 인해 주위 사람들이 힘들어 하고 있나요?

욕심이 과하면 미움과 갈등이 생깁니다.
남에게 주지도 못하면서 바라기만 하고 있는 건 아닌가요?
나쁜 것을 버려야 좋은 것을 담을 수 있습니다.
내가 손 안에 쥐고 버리지 못하는 것이 무엇일까요?

信(믿을 신) 賴 (의지할 뢰)

누군가 나를 믿는 것을 넘어서서 의지한다는 뜻을 이 단어는 담고 있습니다.
과연 나는 (동료, 상사, 아내, 부모, 자녀, 친구. …)로부터 신뢰받고 있는가?
신뢰받기 위해서는 개인적으로는 책임의식, 긍정적 사고,
일관된 행동을 보여야 하며다른 사람과의 관계는 열린 소통,
존중과 배려, 공정한 판단을 해야 한다고 합니다.

확인과 체크는 소통의 수단이며 지연에 대한 질책을 하기보다는
리더가 지원해야 할 사항을 확인하는 과정입니다.
문제는 현장에 있고 답도 현장에 있습니다.

직장이나 가정이나 사람이 살아가는 이치는 같습니다.
어떤 일이 잘 안될 때 상대방의 원인으로 돌리면
해결책도 없고 서로 가슴에 상처를 주게 됩니다.
그러나 내 탓으로 하면 상대방에게 미안하고
 문제를 새로운 시각에서 보게 됩니다.
내가 한번만 더 얘기 했더라면,
내가 좀 더 정확하게 전달했더라면,

내가 상대방의 입장을 한번만 생각 했더라면
지금보다는 더 좋은 결과가 나왔을텐데 하는 아쉬움과 반성은
분명 해결의 실마리를 찾을 수 있는 중요한 계기가 될 것입니다.
사람에게는 각자의 향기가 있습니다.
서로 도우면 개인의 향기가 더욱 빛을 발휘할 것이며
가장 향기로운 것은 서로 화합되어 어우러져서 나는 향기일 것입니다.

누구든지 삶에서 우여곡절을 많이 만나게 됩니다.
어떻게 헤쳐 나가는가는 나 자신이 결정합니다.
지금의 내 모습은 어제에 내가 선택한 결과이며
지금부터의 선택은 미래의 나를 만들어 줄 것입니다.

새로운 도전!
한 손으로 골프 치기

시련은 누구의 인생에나 불현듯 찾아오는 법입니다. 그것은 소리
도 없이 다가와 한 사람의 삶을 뒤흔들고 지독한 갈등 속으로 던져놓
은 채 유유히 떠나가 버리지요. 제게도, 칼에 베인 듯이 아프고 한
편으론 장엄히 이겨내서 스스로 뿌듯해지는 시간들이 있었습니다.
1988년 어느 날, 저는 회사에서 작업을 하던 중 저의 실수로 오른
손목 부근이 절단되는 큰 사고를 당했습니다.

"이 상태에서 내가 무엇을 할 수 있을까? 앞으로 어떻게 살아가야
하나……"

처음에는 상실감과 괴로움이 많았지만 어서 털고 일어서지 않는

이상은 스스로 인생을 자꾸 낭비하는 셈이란 걸 깨닫기 까지는 오래 걸리지 않았습니다. 언제까지 남의 도움을 받고만 살 수도 없었고 아이들과 아내를 위해서라도 얼른 일어서야 할 의무가 있다는 것이 저를 일으키는 가장 큰 채찍이었습니다. 또한 제가 굳건히 일어설 수 있도록 조용히 뒤에서 지원해 준 아내의 사랑이 저에게는 큰 힘이 되었습니다. 왼손으로 성경을 쓰면서 새롭게 삶을 시작했고 생각을 정리한 후로는 한번도 현 상황에 대해 좌절하거나 슬퍼하지 않고 정상인으로 생각하고 살아왔습니다. 그 과정에서 겪은 생각들은 이후에 회사에서 가치관 경영을 추진하는 동안에도 작용했습니다. 직원들이 조금만 노력하면 달성 할 수 있는 자격증 취득에 다소 안이한 것을 것을 볼 때면, 도전이란 것은 지금까지 할 수 없다고 포기했던 것을 다시 꺼내서 그 고정 관념을 깨뜨리고 실천하는 것이라며 독려했습니다. 한편으로 직원들에게 말로만 도전을 종용할 것이 아니라 저부터 먼저 Stretch Targets를 목표로 설정하고 추진하면서 솔선수범해야겠다는 생각도 들었습니다.

'한손으로 골프치기, 이건 어떨까?'

아주 오래전에 생각만 했다가 아쉬운 마음으로 포기했던 한 손으로 골프치기가 불현듯 다시 떠올랐습니다. 그게 과연 가능할까 하는 생각과 더불어서 물론 굉장히 어려울 것이라는 생각이 들었지만, 도전의 묘미는 바로 그런 것 아닌가 하는 생각을 하니 불현듯 용기가 솟았습니다. 망설이는 지금에 하지 않으면 두고두고 미련과 아쉬움이 남을 것 같고, 그나마 지금이 남은 인생에선 가장 젊은 나이이니 바로 시작하는 것이 좋겠다는 생각도 들었습니다. 그리고 인터넷으로 자료를 찾아보니 왼손만으로도 골프를 잘 치는 분이 몇 분 계셨습니다. 더구나 그 중에는 티칭 프로로 활동하시는 분도 계셔서 그들의 말을 들어보니 한손 골프는 충분히 가능하다고 했습니다. 물론 무척 많은 노력과 시간이 필요하고 힘든 일이기에 꾸준함과 끈기가 반드시 필요하다는 말을 덧붙이면서였습니다.

"꾸준함과 끈기? 그거야 말로 나의 특기 아닌가."

그래서 2010년 7월부터 한손 골프 치기를 시작했습니다. 골프를 시작한다는 선언에 많은 직원들이 놀라며 격려 해 주었고, 며칠 하다 말겠지 하는 생각들도 가졌겠지만 한번 마음먹으면 어떻게든 해 보려고 노력하는 제 성격 탓으로 어렵고 힘든 과정을 거쳐 4년이 흘렀고 그간에 필드에도 100 여 차례 나갔습니다. 그리고 주변 분들의 많은 도움으로 현재 100개 이내의 플레이를 하고 있으며, 2014년의 목표는 안정된 Boggy Player가 되는 것으로 정했었습니다. 비록 그 목표는 달성하지 못했어도 내년에는 할 수 있을 것 같다는 자신감을 갖고, 연습을 통해서 개선하고자 했던 부분이 이루어질 때마다 조금씩 골프의 묘미를 느끼며 요즈음은 골프가 제 삶의 활력소가 되고 있습니다.

바쁜 생활과 어려운 여건 속에서도 즐겁고 행복 하려면 자신을 중요시 여기고 자신이 즐겁게 지내는 시간을 갖는 것이 좋을 것 같습니다. 작년에는 초보 골퍼들에게 희망을 주기 위해 골프가 어려운 운동이 아니라는 것을 보여주자는 취지로 어느 프로코치님과 한 손 만으로의 골프 시합을 했던 일도 있었습니다. 제2의 인생으로 선택한 코칭도 제게는 전혀 새로운 분야로서 또 하나의 도전입니다. 저한테 또 어떤 도전이 나타날까요?

코칭 문화를 더 많이 보급하여 많은 사람들이 행복한 마음으로 생활 해 나갔으면 좋겠다는 다짐을 실천 해 나가는 것이 제게는 또 하나의 도전이 되리라 생각하고 있습니다.

앞으로도 저의 즐거운 도전은 계속될 것입니다. '절망의 순간이란 것은 우리에게 용기와 도전이 필요한 가장 적절한 시기를 일컫는다'는 헬렌 켈러의 말을 항상 마음에 담은 채로 말이지요.

결론

자기가 맡은 일에 자존감과 자긍심을 갖게 하는 것이 무엇보다 중요하며 그로 인하여 자신의 일에 최선을 다하는 사람의 자세가 결국은 우수한 제품을 만들고 더 나아가서 회사의 이름을 빛내게 됩니다. 저는 그것을 장인 정신이라고 생각합니다.

직원들에게 삶과 일의 밸런스를 찾아주어서 삶의 질을 높이고 단순 노동에서 지식근로자로 변하기 위해서 어떻게 해야 할 것인가 고민 했었습니다.

그래서 직원들과 함께 선택한 것이 3조3교대에서 4조2교대제로의 근무환경 변화였습니다.

교대제 전환은 단지 시작입니다.

변화가 성공하려면 교대제 전환의 의미와 목표, 비전 등을 서로 공유하고 노사가 함께 노력해야 합니다.

그래서 교대제 전환 초기에 직원들이 휴식 시간을 잘 보낼 수 있도록 회사도 그들의 계획을 돕기 위해 노력했으며,

직원들의 삶의 질이 향상되어 만족도가 높아지면 모든 열과 성을 다해 회사 발전에 기여하게 되는 선순환이 일어나게 되는 사례들을 일부 볼 수 있었습니다.

자아 성찰

사람은 타인의 평가에는 저항적이지만 스스로의 평가에는 쉽게 수긍하고 개선하려는 의지를 가진 존재입니다. '자발적 참여', '적극적 행동', '주인 의식' 이 충만한 조직이 되기 위해서는 직원 각자가 가치관 평가표를 스스로 채점하면서 자신의 내적 동기를 부여 하는 것이 중요합니다.

사람의 변화를 유도하기 위해서 교육은 필요하지만 그 효과에는 한계가 있는 것 같습니다.

나머지 완성도를 위해서는 스스로가 자기 자신을 돌아보고 느껴야 진정한 행동과 목표가 달성됩니다.

회사가 제시하는 핵심 가치관 별로 자신의 위치를 파악하고 개선점이 무엇인가를 찾아가는 과정을 통해 스스로 변화하려는 의지를 읽을 수 있었고,

직원 각자가 자신이 어느 정도 작업표준을 준수하고 있는가를 성찰케 함으로서, 개선해야 할 대상이 무엇인지 깨닫게 하여.

직원들이 작업 표준을 지키기 위해 노력해야겠다고 다짐하는 분위기가 자연스럽게 형성되었습니다.

에필로그

그간의 사례들을 엮어서 책을 꼭 내야겠다고 결심은 했지만 생각
보다 시간이 많이 걸렸습니다. 이 글을 쓰는 내내, 지난 시절 소중한
인연들이 글 안에서 다시 되살아나 행복에 젖기도 했고, 부족한 원고
들을 하나하나 매만지며 몇날 며칠 설레며 밤을 새기도 했습니다. 난
생 처음 긴 글을 쓰느라 힘들고 어려웠지만 재직 시에 숙제처럼 가지
고 있던 생각들을 이제라도 정리할 수 있어서 너무나 뿌듯합니다.

글을 마치고 보니 포스코엠텍에서의 6년이란 기간은 제게는 너무
큰 변화를 가져다 준 나날이었단 생각이 듭니다. 눈앞에 닥친 현실을
헤쳐나가기 위해 계속 새롭고 힘든 일에 도전 할 수 있었던 것은 서로
신뢰를 갖고 함께 해 준 현장의 많은 동료들이 따뜻이 데워준 마음 때

문이 아닐까도 싶습니다. 함께 있는 동안 더 많이 챙겨주지 못한 것이 미안하기도 하고 또 한편으론 그 어려움 속에서도 묵묵히 잘 따라준 그들이 너무도 자랑스럽습니다. 현장에 계셨던 분들의 입장을 글 안에서 충분히 기술하려고 노력은 했으나 많이 담지 못했다는 것도 못내 아쉬운 마음으로 남습니다. 덧붙여서 이 책이 나오도록 자료를 제공 해 주신 분들께도 깊은 감사를 드립니다.

요즈음 포스코엠텍이 많이 어렵다는 소식을 전해 듣곤 함께 일했던 한 사람으로서 안타깝기 그지 없습니다. 우리가 열심히 추진해 왔던 지나간 일들을 생각하며 다소 위안이 되길 바라는 마음으로 글을 맺습니다.

마음이 변해야
행동이 바뀐다

초판1쇄 발행 | 2015년 07월 06일

지은이 박기덕
발행인 송민지
발행처 (주)피그마리온

기획편집 (주)피그마리온
디자인 박선미
마케팅 한창수

등록번호 제313-2011-71호
등록일자 2009년 1월 9일
펴낸곳 (주)피그마리온
주 소 121-840 서울특별시 마포구 양화로12길 26(2층, 서교동)
전 화 (02)516-3923
팩 스 (02)516-3921
홈페이지 www.pygmalionbooks.com
이메일 books@pygmalionbooks.com

ISBN 979-11-85831-12-1
값 12,000원

PΛPHOS 는 (주)피그마리온 출판사의 임프린트입니다